アンソロジー

子どものための

少年詩集

2021

銀の鈴社

全国各地で少年詩を創作している詩人たちの応募作品の中から、「子どもにもわかる言葉で書かれた文学性の高い詩作品」を選定し発表しているアンソロジーです。

一九八四年から年刊「現代少年詩集」として二十年間継続してまいりました。二〇〇四年より「子どものための少年詩集」と改題し、新たな体制で少年詩のより一層の普及と質的向上をめざしています。

目次

表紙画・カット　有賀　忍

子どものための少年詩集

2021

春《はる》　相川　修一

サクラ　サクラ
サクラ　サクラ　サクラ
サクラ　サクラ　サクラ
サクラ　サクラ　サクラ
サクラ　咲《さ》く

サクラ　サクラ
サクラ　サクラ　サクラ
サクラ　サクラ　サクラ
サクラ　サクラ　サクラ
サクラ　散《ち》る

サクラ愛《いと》し
サクラ哀《かな》し

詩人名（読み仮名）　あいかわしゅういち

希望《きぼう》の木《き》を育《そだ》てよう

あかし　けい子

小《ちい》さな種《たね》を大地《だいち》にたくし
土《つち》という母《はは》のふところで
ゆっくり暖《あたた》める
生《う》まれたての小《ちい》さな芽《め》と根《ね》は
思《おも》いを育《はぐく》み　ふくらませ
真暗闇《まっくらやみ》の中《なか》を手《て》さぐりで進《すす》む

もうすぐだよ
もうすぐだよ
あと少《すこ》しの辛抱《しんぼう》だよ

励《はげ》ます声《こえ》が希望《きぼう》に変《か》わり
ようやく光《ひかり》の扉《とびら》を開《あ》ける

よく頑張《がんば》ったね
ようこそ光《ひかり》の世界《せかい》へ

重《おも》い土《つち》をはねのけて
顔《かお》を出《だ》した希望《きぼう》の木《き》の芽《め》は
すっくと双葉《ふたば》を広《ひろ》げ　V《ぶい》サイン
きっと大《おお》きくなると　V《ぶい》サイン

まつげエクステきりんさん

秋月　夕香

アカシアのはなのさくころ
きりんさんは
高いヒールをはいて
お散歩《さんぽ》の　時間《じかん》

ゆっくり歩《ある》いているけれど
スマートな　細《ほそ》い足《あし》
コンパスながいのよ
あら　まつげだって
カールがかわいい
ながいわね
エクステまつげのようにきれい

おんなの子《こ》はどう思《おも》うかな
今日《きょう》のきりんさんは　すてき！
ぞうさんは近《ちか》くのおへやで
ソワソワ　ウロウロみている

チンパンジーは　こえをださず
しろい歯《は》をみせてわらっている
まつげパーマの　きりんさん
やっぱり　わたしに
ウインク　していたよ

あきづきゆうか

夢《ゆめ》は　かなう

あきの　しんこ

夢《ゆめ》を　ひろった
夢《ゆめ》は　足元《あしもと》に落《お》ちていた

手《て》にとって　あたためて
おひさまに　かざした

きら　きら　きらら

夢《ゆめ》は　言《い》った
夢《ゆめ》を　いっぱい持《も》とう
夢《ゆめ》を　かたろう
夢《ゆめ》を　じぶんで　ひきよせよう

失敗《しっぱい》を　おそれるな
なりたいものに　なろう
前《まえ》をむき　一歩《いっぽ》ふみだす
あたらしい　勇気《ゆうき》だ

さあ　歩《ある》きだそう
胸《むね》をはって　前《まえ》へ　前《まえ》へ

いち　にい　いち　にい
ほら　夢《ゆめ》の扉《とびら》が見《み》えてきた

夢《ゆめ》の扉《とびら》を　こじあけよう
夢《ゆめ》は　かならず　かなうよ

はやく帰《かえ》ってきて

あさお　みほ

かぁさん　はやく帰《かえ》ってきて
そよ風《かぜ》ふいて
あたまをなでた

かぁさん　はやく帰《かえ》ってきて
なみだをふいて
うしろをみたら

黒《くろ》いがくぶち
写真《しゃしん》のかぁさんが
にっこり　笑《わら》ってた

あさおみほ

大空《おおぞら》めざして

浅田　真知

青《あお》い空《そら》が　好《す》きだから
鳥《とり》になって
飛《と》んでみたい　わたし
ふるえる翼《つばさ》に　力《ちから》をこめて
大空《おおぞら》めざして　どこまでも

鳥《とり》になった　わたしが舞《ま》う
ゆったり舞《ま》う
限《かぎ》りない　宇宙《うちゅう》のひろがり
そのひろがりの中《なか》にいる　わたし
ああ　なんという不思議《ふしぎ》
青《あお》い空《そら》が　好《す》きだから

鳥《とり》になって
飛《と》んでみたい　わたし

人間《にんげん》なんてきらい　あずま　輝子

きのうともだちと
けんかしたつもりもないのに
なかまはずれにされた。
3人《にん》でいつもしゃべってたのに
はなししても
へんじしてくれへん
ふたりで私《わたし》のこと
いじめるさくせんでも
してたんかなあ
　人間《にんげん》ってきらいや
ロボットがともだちやったら
いいのに
　つぎの日《ひ》ともだちが

「ごめんね」って
いってくれた。
うれしかった
　ロボットははんせいせえへん
やっぱり人間《にんげん》がええわ

あずまてるこ

その一言《ひとこと》が　あべ　こうぞう

その一言《ひとこと》が言《い》えたなら
だれでも温《あった》か　いい気持《きもち》
「おたがいさまよ」
「ごめんなさいね」
だれでも持《も》ってる　思《おも》いやり
優《やさ》しい気持《きもち》が　あふれます

その一言《ひとこと》が言《い》えたなら
だれでもどんなに　いい気持《きもち》
「お先《さき》にどうぞ」
「私《わたし》がします」
だれでも持《も》ってる　思《おも》いやり
優《やさ》しい心《こころ》が　満《み》ちている

その一言《ひとこと》が言《い》えたなら
だれでも明《あか》るい　いい気持《きもち》
「お疲《つか》れさま」
「お願《ねが》いします」
だれでも持《も》ってる　思《おも》いやり
優《やさ》しい言葉《ことば》が　こぼれます

だれでも　どこでも
その一言《ひとこと》が言《い》えたらいいね

あべこうぞう

満福《まんぷく》　網野　秋

赤《あか》ちゃんが生《う》まれて初《はじ》めて
ベビーフードにチャレンジ！
（いよいよミルクは卒業《そつぎょう》だね）
お母《かあ》さんがスプーンですくって
「はい、どうぞ」と
口《くち》の中《なか》に入《い》れると
モグ　モグ　モグ

お母《かあ》さんも一緒《いっしょ》になって
♪がんばれ　がんばれ
　モグ　モグ　モグ

赤《あか》ちゃんの口元《くちもと》からも
ほっぺからも溢《あふ》れ出《で》る可愛《かわい》さを
お母《かあ》さんは
♪モグ　モグ　モグ
（赤《あか》ちゃんの可愛《かわい》さは
世界一《せかいいち》のごち走《そう》！）

赤《あか》ちゃんのお腹《なか》が満腹《まんぷく》になった時《とき》
お母《かあ》さんの方《ほう》は心《こころ》が
満福《まんぷく》になった

お母《かあ》さんは赤《あか》ちゃんに
ニッコリ笑《わら》って
「ごち走《そう》さま」

あみのあき

誕生《たんじょう》　イイジマ　ヨシオ

宇宙《うちゅう》が　まだ存在《そんざい》しなかった時《とき》
何《なん》にも無《な》かったと
誰《だれ》もが言《い》う
無《な》いところから
何《なに》か　起《お》こるだろうか
学者《がくしゃ》の語《かた》る　ビッグバン
超高温《ちょうこうおん》の光《ひかり》

動《うご》き始《はじ》めた　時間《じかん》のなかで
君《きみ》とぼくは
超高温《ちょうこうおん》の　ひとつのかたまり
海《うみ》のなかを漂《ただよ》う

くらげのように
色《いろ》とりどりの　銀河《ぎんが》
その　ひとつの体内《たいない》に
取《と》りこまれた

太陽《たいよう》と地球《ちきゅう》

この出来事《できごと》が
起《お》こる前《まえ》の記憶《きおく》を
誰《だれ》か　持《も》っている者《もの》はいないか
朝《あさ》の窓《まど》からは
金《きん》のひかりが　動《うご》いている

いいじまよしお

蝉《せみ》　池田　もと子

晩夏《ばんか》のベランダの
まぶしい　ひかりの中《なか》に
命《いのち》を終《お》えた蝉《せみ》がひとつ
がっちりとした体格《たいかく》のままで

ひろいあげれば
その軽《かる》さよ

声《こえ》をかぎりに歌《うた》いつくし
きめられた使命《しめい》をはたして
空《から》っぽになった身体《からだ》
六本《ろっぽん》の足《あし》を　きちんとたたんで

まるで天《てん》を仰《あお》いで
祈《いの》っているようだ

いけだもとこ

バサラ　いしざき　かつこ

もし神《かみ》が死《し》ねと言《い》うなら
今《いま》すぐに　死《し》んでみせよう
いさぎよく
水《みず》の流《なが》れるように逝《ゆ》く
バサラ　バサラ　我《われ》は我《われ》
バサラ　バサラ　他人《ひと》は他人《ひと》

だが待《ま》てよと
考《かんが》え出《だ》したら　もういけない
神《かみ》は何《なん》のために　誰《だれ》のために
死《し》ねと言《い》うのか?
死《し》はそんなにかっこいいものか?
神《かみ》は本当《ほんとう》に神《かみ》なのか?

人生《じんせい》は戦《いくさ》か　ならば人《ひと》は悪《あく》
正義《せいぎ》の名《な》をもて　国《くに》を焼《や》く
バサラ　バサラ　我《われ》も悪《あく》
バサラ　バサラ　我《われ》は悪《あく》

いつの世《よ》も　どこの国《くに》も
正義《せいぎ》をふりかざし突《つ》き進《すす》んできた
その正義《せいぎ》は本当《ほんとう》に正義《せいぎ》なのか?
真《しん》の勝者《しょうしゃ》など　もはやありえない

バサラ　バサラ　考《かんが》えよ
己《おのれ》の意志《いし》を　己《おのれ》の意志《いし》で

いしざきかつこ

山《やま》のうた　板倉　洋子

山《やま》は
雪《ゆき》の　ふとんに
くるまって
ぬっく　ぬっく　と
ねむる　のです

あおむけに　なり
うつぶせに　なり
まあるく　なって
ぬっく　ぬっく　と
ねむる　のです

クマザサを　おおい
わき水《みず》を　かくし
ふゆ芽《め》の　林《はやし》を
すっぽり　つつんで

山《やま》は
雪《ゆき》の　ふとんに
くるまって
ぬっく　ぬっくり
ねむる　のです

いたくらようこ

失敗《しっぱい》から　糸永　えつこ

君《きみ》が思《おも》うほど
他人《ひと》は君《きみ》のことを見《み》ていない

穴《あな》があったら入《はい》りたいほど
顔《かお》から火《ひ》が出《で》るほど
はずかしく　つらい思《おも》いをしても

君《きみ》が思《おも》うほど
他人《ひと》は君《きみ》のことを見《み》ていない

たかが何億《なんおく》の中《なか》のひとにぎり
その程度《ていど》の他人《ひと》の目《め》を気《き》にするな

君《きみ》にとって大切《たいせつ》な人《ひと》は
必《かなら》ず君《きみ》のまん中《なか》を見《み》ている

自分《じぶん》をおそれるな
自分《じぶん》を信《しん》じる勇気《ゆうき》を持《も》て
君《きみ》しかいない君《きみ》を行《い》け

いとながえつこ

おにぎり家族《かぞく》

井上　和子

おにぎり　ぺろりん
おくちに　ぺろりん
ばあちゃんの　おにぎり
おしんこ　あじで
しょっぱい　ようで
あまいんだ

おにぎり　ぺろりん
もぐもぐ　ぺろりん
かあさんの　おにぎり
三日月《みかづき》　たまご
マヨネーズ　きいて
ちょうどいい

おにぎり　ぺろりん
うまいぞ　ぺろりん
ぼくのは　まんまる
のりまき　だけど
ほおばり　すぎるな
でっかいぞ

いのうえかずこ

ひなた

井上　良子

こころと　せなかは
つうじていて

せなかを　なでなで
なでていて
おかあさん

ねこはいいな
じぶんで　じぶんを
なでられて

わたしの　せなか
なでなで　なでて
おかあさん

ひなたに　こころ
ぽっかり
うかぶまで

いのうえよしこ

ダイヤモンド桜島《さくらじま》

いのまた　みちこ

新《あたら》しい年《とし》の始《はじ》まり
ゆったりと
噴煙《ふんえん》をくゆらす桜島《さくらじま》
元日《がんじつ》の一日《いちにち》が終《お》わるとき
人々《ひとびと》の想《おも》いを抱《だ》いて　夕日《ゆうひ》が
いま　沈《しず》んでいく
山《やま》の頂《いただき》にかかるや
ダイヤモンド桜島《さくらじま》
荘厳《そうごん》！

太陽《たいよう》のカケラ　キラキラ
海面《かいめん》におちて
黄金《おうごん》にそまる

あふれんばかりに
空《そら》をも焦《こ》がしながら
時《とき》の刻《きざ》みのなかの一瞬《いっしゅん》

やがて
桜島山《さくらじまやま》に　後光《ごこう》がさす

二〇二一年一月一日
十七時三分三七秒
霧島《きりしま》市《し》福山《ふくやま》にて

おじいさんが笑《わら》った日《ひ》

今井　典子

十年間《じゅうねんかん》も　一人《ひとり》で住《す》んでいる
おじいさん
マンションの　九階《きゅうかい》の九号室《きゅうごうしつ》
だれとも話《はな》すこともなく
笑《わら》うこともない

ずーっと自粛生活《じしゅくせいかつ》をしている

窓《まど》から見《み》える　青空《あおぞら》にさそわれ
自転車《じてんしゃ》を　ゆるゆるとはしらせ
通《とお》りの家《いえ》の庭《にわ》の花《はな》に　うっとり
パトロールカーが止《と》まり
職務質問《しょくむしつもん》された

おじいさんは　自転車《じてんしゃ》を押《お》して
あるいた

草《くさ》むらから　子《こ》ネコの声《こえ》
おじいさんの　手《て》の平《ひら》にすっぽり
包《つつ》まれた　茶《ちゃ》トラネコ
ネコちゃん　ひとりなんだね
ミャウ〜　ぶるるとふるえた

マンションの九階《きゅうかい》の九号室《きゅうごうしつ》
みいちゃん　ごはんだよ
ミャウ〜
シワシワの顔《かお》が　笑《わら》ってた

いまいのりこ

倖子《ゆきこ》かなあ⁉　うめさわ　かよこ

先日《せんじつ》　病院《びょういん》の帰《かえ》り道《みち》
駐輪場《ちゅうりんじょう》を　歩《ある》いていると
『カア～!』と⁉
横《よこ》を見《み》ると　自転車《じてんしゃ》のハンドルに
一羽《いちわ》の子《こ》ガラス
目《め》が　クリクリとして大《おお》きく
体《からだ》は　ふくよかで　黒光《くろびか》りの羽《はね》
とっても　立派《りっぱ》で可愛《かわい》いカラス
じ～っと　見《み》つめあっていると
親《おや》ガラスの声《こえ》『カー!!』
つつかれると思《おも》い
あいさつもせずに帰宅《きたく》

今《いま》　思《おも》うと　亡《な》き愛犬《あいけん》　倖子《ゆきこ》の
生《う》まれかわりでは……
本当《ほんとう》に　カラスの大好《だいす》きな
ダックスの女《おんな》の子《こ》だったので
お空《そら》で　いつも見守《みまも》られています
これからも　また　よろしくネ♡

うめさわかよこ

独《ひと》りぼっちだから

梅原　ひとみ

独《ひと》りぼっちだから
壁《かべ》にうつる影《かげ》と話《はな》しているの
独《ひと》りぼっちだから

カタスミにいるの
独《ひと》りぼっちだから
友達《ともだち》の輪《わ》の外側《そとがわ》にいるの
独《ひと》りぼっちは仲間《なかま》ハズレ
ツバを上《うえ》に吐《は》いたら
自分《じぶん》にふって来《き》た

うめはらひとみ

ぼくの力《ちから》

大川　純世

ぼくは　お父《とう》さんのうでの力《ちから》こぶ
　を見《み》た
まねをして　力《ちから》こぶをつくったが
　ぼくの力《ちから》こぶは　ペッタンコ
お父《とう》さんは　ぼくをギュッと見《み》た
　わあー　すごい目《め》の力《ちから》
何《なに》かを言《い》っているようで怖《こわ》かった
テレビを見《み》ていたとき　あなたの
　能力《のうりょく》はと言《い》っていた
　頭《あたま》の中《なか》にも力《ちから》があるんだと思《おも》う
ぼくは　夜《よる》トイレに行《い》くのが怖《こわ》い
気力《きりょく》がないから　意気地《いくじ》なしとい
　われた

ぼくの体《からだ》の中《なか》には　いろんな力《ちから》が
　ひそんでいるのだと気《き》づいた
うでの力《ちから》　目《め》の力《ちから》　足《あし》の力《ちから》　脳力《のうりょく》
気力《きりょく》の精神力《せいしんりょく》　ほかにもいっぱい
ぼくは　こんな力《ちから》をたくさん持《も》っ
　ている力持《ちからも》ちなんだ
もしも困《こま》ったことがあったら
　体《からだ》の中《なか》から　力《ちから》を出《だ》して
　　はねのけてやるんだ

おおかわすみよ

さつまいも　大楠　翠

土《つち》で汚《よご》れています
かすり傷《きず》も穴《あな》もあります
色《いろ》も形《かたち》も不揃《ふぞろ》いです

眺《なが》めていると
不恰好《ぶかっこう》ね
と吹《ふ》き出《だ》しそうで

そういう所《ところ》にまで
私《わたし》たちは親《した》しみを覚《おぼ》えて
笑顔《えがお》になります

おおくすみどり

夕涼《ゆうすず》み　おおくま　よしかず

夏《なつ》の利根川《とねがわ》
父《とう》さんとぼくと母《かあ》さん
土手《どて》に腰《こし》を下《お》ろして
夕涼《ゆうすず》み

川上《かわかみ》を見《み》ると　遠花火《とおはなび》
川下《かわしも》も　遠花火《とおはなび》

向《む》こう岸《ぎし》を見《み》ると
屋形船《やかたぶね》が
川下《かわしも》に向《む》かって　進《すす》んでいく

時々《ときどき》　母《かあ》さんが
ぼくと父《とう》さんを
団扇《うちわ》で　扇《あお》いでくれてる
蚊《か》に刺《さ》されないように

だまっていると
音《おと》の無《な》い世界《せかい》

ぼくは立《た》ち上《あ》がって　さけんだ
「おーい！　利根川《とねがわ》！
大学《だいがく》いって　箱根駅伝《はこねえきでん》
目指《めざ》すぞ！」
父《とう》さんと母《かあ》さん
喜《よろこ》んでた

おおくまよしかず

はこべ

大倉　尚美

私《わたし》の　幼《おさな》いころ
家《いえ》の周《まわ》りの　畑《はたけ》に
はこべが　咲《さ》いていた
小《ちい》さな緑《みどり》の葉《は》が　やわらかく
お日《ひ》さまに　まぶしく輝《かがや》き
花《はな》びらが　白菊《しらぎく》のように
パッと　ひらいて
かわいい　手《て》のひらのようだった
竹《たけ》カゴに　飼《か》われていた鶏《にわとり》に
たくさんつんで　持《も》って帰《かえ》った
コッコ　コッコと　鳴《な》いて
喜《よろこ》んで　ついばんだ

つぎの朝《あさ》　早《はや》くに
巣箱《すばこ》を　のぞきに行《い》くと
白《しろ》い卵《たまご》が　二《ふた》つ
藁《わら》の上《うえ》に　産《う》み落《お》とされていた
思《おも》わず　うれしくなって
そっと　胸《むね》にだいてみた
まだ温《あたた》かく　不思議《ふしぎ》な思《おも》いがした
朝《あさ》のごはんは　春《はる》の七草《ななくさ》がゆ
せり　なずな　ごぎょう　はこべ
ほとけのざ　すずな　すずしろ
日本《にほん》の文化《ぶんか》　日本《にほん》の食《しょく》
今《いま》も心《こころ》にのこる　はこべ

おおくらなおみ

コビレゴンドウクジラ

太田　甲子太郎

和歌山県《わかやまけん》・太地町立《たいじちょうりつ》
くじらの博物館《はくぶつかん》で
芸《げい》を　させられている
コビレゴンドウクジラが
飼育《しいく》の世界記録《せかいきろく》を　達成《たっせい》した
8年《ねん》9か月《げつ》と　9日《ここのか》
それが　どうしたというのだ

にんげんの都合《つごう》で　捕獲《ほかく》され
いやおうなしに　芸《げい》を仕込《しこ》まれて
お金儲《かねもう》けの　道具《どうぐ》になっている
コビレゴンドウクジラ
あなたは　死《し》ぬまで
そこから出《で》られない

今《いま》ごろ
大海原《おおうなばら》のしたでは
コビレゴンドウクジラの
仲間《なかま》の　大捜索《だいそうさく》が
すでに　打《う》ち切《き》られて
お弔《とむら》いも　とどこおりなくすみ
きれいな珊瑚《さんご》に
かこまれた　ところに
コビレゴンドウクジラの
墓《はか》が造《つく》られている　ことだろう

おおたかしたろう

さくらんぼの歌《うた》

大八木　敦彦

サンゴの玉《たま》のくびかざり
ゆれて虹色《にじいろ》　日《ひ》のひかり
ほのかに照《て》らす　ほおの紅《あか》
じっと見《み》つめているばかり

ふたごの鈴《すず》のむねかざり
音色《ねいろ》銀色《ぎんいろ》　月《つき》あかり
ひそかにむねをふるわせて
耳《みみ》をすましているばかり

おおやぎあつひこ

ほたる袋《ぶくろ》の歌《うた》

おかの　そら

ほたる袋《ぶくろ》が　咲《さ》いていた
ひろいひろい　お庭《にわ》いちめん
うす桃色《ももいろ》の　ほたる袋《ぶくろ》の花《はな》が
風《かぜ》に　ゆれていたよ

――ほら　お母《かあ》さん
　　お花《はな》のちょうちん
　　　みたいでしょ！

花《はな》の好《す》きな母《かあ》さん　やさしく
ほほえんでいた
なつかしい　思《おも》い出《で》のお庭《にわ》
ほたる袋《ぶくろ》が　咲《さ》いていたよ

ほたる袋《ぶくろ》が　咲《さ》いている
せまいせまい　お庭《にわ》いっぱい
真《ま》っ白《しろ》な　ほたる袋《ぶくろ》の花《はな》が
風《かぜ》に　ゆれているよ

――ねえ　お母《かあ》さん
　　お花《はな》のシャンデリア
　　　みたいでしょ！

かわいい娘《むすめ》の笑顔《えがお》　思《おも》わず
ほほえんでしまう
愛《いと》おしい　小《ちい》さなお庭《にわ》
ほたる袋《ぶくろ》が　咲《さ》いているよ

おかのそら

夜《よる》

奥原　弘美

夜《よる》をのぞくと
夜《よる》もこっちをのぞいている

ためいきをつくと
ほおをなめてくる

考《かんが》えごとをしていると
じっと待《ま》っている

そんな夜《よる》が好《す》きだよ
夜《よる》は三日月《みかづき》をふって
じゃれてくる

おくはらひろみ

「こ」と「ば」と

小沢　千恵

こ　は
お互《たが》いに　むきあって
うけとめあって
こんなにも　相手《あいて》の心《こころ》を
うつくしく　魂《たましい》をこめて
あらわしている

ば　はバランス
かなしい時《とき》も　うれしい時《とき》も
そのものの
いのちの表現《ひょうげん》
こと　ばと

協力《きょうりょく》しあって
ことばが　生《う》まれている

とおい昔《むかし》から
人々《ひとびと》の心《こころ》と　魂《たましい》が
紡《つむ》ぎ　あって
伝承《でんしょう》されてきた

わたしたちの　使《つか》う
うつくしい　ことば
　こんにちは　ありがとう
　　さようなら……
たくさんの　ことばと　なって

おざわちえ

台所《だいどころ》の白鳥《はくちょう》

小野　浩

ノリのきいた
白《しろ》いかっぽう着《ぎ》を着《き》て
歌《うた》いながら
おいしい料理《りょうり》を作《つく》る名人《めいじん》

お母《かあ》さんは
お金《かね》があるときも
お金《かね》がないときも
いつも笑《わら》っている

お母《かあ》さんを見《み》ていると
いやなことが消《き》えて
勇気《ゆうき》がわいてくる

お母《かあ》さんは白鳥《はくちょう》
どんな鳥《とり》よりも美《うつく》しい
台所《だいどころ》に舞《ま》う白鳥《はくちょう》

おのひろし

ポケットの中《なか》に

折原　みか子

えーっ
キンカンって皮《かわ》を食《た》べるの？
ラジオから流《なが》れた
アナウンサーの声《こえ》
その途端《とたん》
思《おも》い出《で》の向《む》こうに
十歳《じっさい》の私《わたし》がいる

春浅《はるあさ》い日《ひ》
友《とも》の家《いえ》には
キンカンの実《み》が
たわわになっていた
高枝《たかえだ》のところは

おじさんがもいで
ポケットに入《い》れてくれた
ポリ袋《ぶくろ》など
無《な》い頃《ころ》のこと

孫《まご》が幼《おさな》い頃《ころ》
ポケットの中《なか》には
石《いし》ころがゴロゴロ

子《こ》ども達《たち》のポケットには
私《わたし》の知《し》らない秘密《ひみつ》が
入《はい》っているのだろうな
きっと

おりはらみかこ

地下鉄原始人《ちかてつげんしじん》

かじ　ひとみ

地下鉄《ちかてつ》の
細《ほそ》い階段上《かいだんあ》がる時《とき》
住処《すみか》の洞窟《どうくつ》　出《で》る気分《きぶん》

雨上《あめあ》がりなどは
とくにいい
出口付近《でぐちふきん》のグレーの階段《かいだん》
水《みず》を含《ふく》んで
青々《あおあお》と光《ひか》る

視線《しせん》の先《さき》には　新緑《しんりょく》の枝《えだ》
風《かぜ》にゆられて
しずくを振《ふ》ってる

洞窟《どうくつ》から
パッと飛《と》びだす原始人《げんしじん》

都心《としん》のビルの森《もり》の中《なか》
そしらぬ風情《ふぜい》で
悠久《ゆうきゅう》を生《い》きる

はだかんぼう

かとう　えりこ

私《わたし》は裸《はだか》です　心《こころ》が裸《はだか》です
野《の》の花《はな》が恥《は》ずかしそうに
　話《はな》しかけてくる声《こえ》や
風《かぜ》がささやく詩《うた》
大木《たいぼく》が枝《えだ》を揺《ゆ》らして語《かた》る物語《ものがたり》
心《こころ》に何《なに》もつけていないと
　聞《き》こえてきます

あなたの声《こえ》も聞《き》こえます
あなたの心《こころ》の
　小《ちい》さな声《こえ》も聞《き》こえます
私《わたし》は心《こころ》には
何《なに》もつけないでいようと思《おも》います
裸《はだか》なので　私《わたし》はよく傷《きず》つきますが

かとうえりこ

お

神内　八重

おまめさん
おあげさん
おいもさん
おいなりさん
おだんご
おじゃこ

いつのころからか食《た》べ物《もの》を
敬《うやま》う気持《きも》ちが言葉《ことば》になって
おを付《つ》けて
さんで呼《よ》んでいる
伝《つた》えていきたい

言葉《ことば》と気持《きも》ち

かみうちやえ

ばあちゃん　ありがとう

かみや　じゅんこ

救急車《きゅうきゅうしゃ》で運《はこ》ばれた
八十七歳《はちじゅうななさい》のばあちゃん
病院《びょういん》で亡《な》くなった

「ヒロぼう　ヒロぼう」って
とても　かわいがってくれた
お別《わか》れが　いってない

家《いえ》に　ばあちゃんが戻《もど》り
夜《よる》みんなで　お参《まい》りをしたとき
お坊《ぼう》さんがいった
「心臓《しんぞう》は止《と》まりましたが、ほかの
機能《きのう》は止《と》まってないかも知《し》れま
せん。
まだ、伝《つた》えたいことがあったら
ぜひ　いってあげてください」

ぼくは　急《いそ》いで白《しろ》い布団《ふとん》に近《ちか》づき
耳《みみ》もとで　声《こえ》をはりあげた
「ばあちゃん　ありがとう！」

かみやじゅんこ

ふと

かも　てるこ

丸《まる》い眼鏡《めがね》を掛《か》けた　おばさま
一丁目《いっちょうめ》の街角《まちかど》を　曲《ま》がると
左《ひだり》　右《みぎ》を　たしかめて
　ふと
と　呟《つぶや》く

二丁目《にちょうめ》の街角《まちかど》で　立《た》ち止《ど》まって
　ふと
と　呟《つぶや》く

三丁目《さんちょうめ》の街角《まちかど》で　立《た》ち止《ど》まると
夕日《ゆうひ》に角《つの》が　ひっかかって
もがいている

　ふと
を　見《み》て
おばさまは　うほう　と
笑《わら》ってしまった

かもてるこ

星《ほし》の歌《うた》　川島　もと子

はるか彼方《かなた》に光《ひか》る星《ほし》
そこから地球《ちきゅう》は見《み》えますか
鳥《とり》も魚《さかな》も獣《けもの》も人《ひと》も
夜空《よぞら》に輝《かがや》く星《ほし》ですか

めぐりめぐる小《ちい》さな星《ほし》は
私《わたし》たちの住処《すみか》
降《ふ》りそそぐ陽《ひ》の光《ひかり》
雪融《ゆきど》けのせせらぎ
風《かぜ》に流《なが》れる花《はな》の香《かお》り
呼《よ》び交《か》わす鳥《とり》の声《こえ》

人知《ひとし》れず涙《なみだ》がこぼれる時《とき》も
お互《たが》いの温《ぬく》もりに
そっと触《ふ》れる時《とき》も
私《わたし》たちの今《いま》はきらめく

私《わたし》の胸《むね》の奥《おく》に
燃《も》えている生命《いのち》の炎《ほのお》
宇宙《そら》のかなたに届《とど》いていますか
遠《とお》く深《ふか》いはるかな空《そら》へ
星《ほし》の歌《うた》を歌《うた》いましょう

かわしまもとこ

ラジオ　北川　風

流《なが》れてくる
その声《こえ》は　誰彼《だれかれ》
話《はな》していても
風《かぜ》の中《なか》
言葉《ことば》は
ひらひら
いい言《こと》の葉《は》だけを
残《のこ》して

音楽《おんがく》といっしょに
揺《ゆ》れながら
ゆらりゆらり
眠《ねむ》りに落《お》ちる

きたがわかぜ

井戸《いど》の水汲《みずく》み　北野　千賀

生家《せいか》の裏庭《うらにわ》に井戸《いど》はあった
畑《はたけ》の中《なか》に　ぽつんとしていた

水道《すいどう》の無《な》かった時代《じだい》
両親《りょうしん》の手伝《てつだ》いに
姉《あね》や兄《あに》と　きょうだい四人《よにん》で
バケツリレーで
水汲《みずく》みをするのが日課《にっか》

風呂《ふろ》や炊事《すいじ》に
水汲《みずく》みは大切《たいせつ》な仕事《しごと》
風《かぜ》の強《つよ》い日《ひ》や
雨《あめ》の日《ひ》は辛《つら》かった

けれど
井戸《いど》があるおかげで
平和《へいわ》な日々《ひび》がおくれて
ありがたかった

きたのちか

どうせ

木下　祥子

どうせわたしなんかと
泣《な》いていると
お母《かあ》さんが　言《い》った
どうせってことばは
大《だい》きらい
どうせのあとには
よくないことばが　つづく
どうせと言《い》っていると
しあわせになれないよと
わたしより
悲《かな》しい顔《かお》をして
わたしは　これから

どうせって
言《い》わないことにした

きのしたしょうこ

折《お》り込《こ》み　ことば遊《あそ》び

楠木　しげお

英語《えいご》
エンドは　終《お》わり
イングリッシュは　英語《えいご》
ゴリラは　ゴリラ

マスク
まきちらさないよう
すいこまないよう
くちと鼻《はな》をおおう

とんち
とんでもない　ゆかいな
ちがう解釈《かいしゃく》

鬼《おに》
おっかなくなりすぎて
にんげんじゃない

体操《たいそう》
たいしたことじゃない
いつもじっとしている
そんな筋肉《きんにく》を
うごかすんだ

はだか
はずかしい
だからわかる
からだはこれだけ

ひみつ
ひとに知《し》られちゃまずい
みつからないよう
つつんで隠《かく》す

くすのきしげお

スイセンが　花《はな》ざかり

久保　恵子

スイセンが　咲《さ》いた　咲《さ》いた
あちらでも　こちらでも
すきとおった　さわやかな
黄色《きいろ》い　花《はな》びらが
春風《はるかぜ》に　そっと　ゆれている
すこし　こいめの黄色《きいろ》い群《むれ》もある

今年《ことし》の春《はる》は　日本中《にほんじゅう》　いえ
世界中《せかいじゅう》が　新型《しんがた》コロナに
ふりまわされているのに
スイセンは
まったく　動《どう》じるふうもなく
いつもの　3月《がつ》のように

すっと　さりげなく　咲《さ》いている
そのたたずまいには　きっと
だれもが　見《み》とれる

でも
だれが　見《み》ていようが
見《み》ていまいが
スイセンは　ただ
そこに　立《た》ちつづける
花《はな》が　しぜんに　しおれるまで
ただ　りんとして

くぼけいこ

やさしい　ことば

くらた　ここのみ

やさしいことばは
どこにあるの
やさしいことばは
心《こころ》の中《なか》に

やさしい心《こころ》は
どこにあるの
やさしい心《こころ》は
あなたの中《なか》に

やさしいわたしは
どこにいるの
やさしいあなたは
光《ひかり》の中《なか》に

やさしい光《ひかり》は
どこにあるの
やさしい光《ひかり》は
ことばの中《なか》に

くらたここのみ

虹《にじ》の架《か》け橋《はし》　黒木　おさむ

宮城県石巻渡波《みやぎけんいしのまきわたのは》　父《ちち》が家《いえ》に辿《たど》りつ
くと　三人《さんにん》の子《こ》と家族《かぞく》の家《いえ》は跡形《あとかた》
もなく消《き》えていた
真白《まっしろ》な日《ひ》が続《つづ》き　二年《にねん》がたった日《ひ》
木工職人《もっこうしょくにん》の父《ちち》は家《いえ》の跡地《あとち》を広場《ひろば》に
して　遊具《ゆうぐ》を作《つく》り始《はじ》めた
二〇一四年三月《にせんじゅうよねんさんがつ》　大空《おおぞら》にそびえる
三本《さんぼん》の塔《とう》を掲《かか》げて完成《かんせい》した
悲《かな》しみの涙《なみだ》は虹《にじ》になり　地域《ちいき》の人《ひと》
々《びと》を繋《つな》ぐ橋《はし》になる
三人《さんにん》の子《こ》どもたちが喜《よろこ》んでくれる
よう「虹《にじ》の架《か》け橋《はし》」と刻《きざ》んだ
いつしか　子《こ》どもたちの賑《にぎ》やかな

声《こえ》と笑顔《えがお》が広場《ひろば》にわいていた
父《ちち》と母《はは》は亡《な》き我《わ》が子《こ》の写真《しゃしん》とビデ
オを見《み》れるようになってきた
幸《しあわ》せな日々《ひび》の声《こえ》と姿《すがた》を　失《うしな》いたく
ないと思《おも》うようになったとき
家族五人《かぞくごにん》の幸《しあわ》せの日々《ひび》は　父《ちち》と母《はは》
の心《こころ》の奥《おく》で確《たし》かに育《そだ》ち始《はじ》めた
遊具《ゆうぐ》の下《した》には三体《さんたい》のお地蔵様《じぞうさま》…
我《わ》が家《や》の広場《ひろば》で仲《なか》よく笑《わら》っている
二〇二一年《にせんにじゅういちねん》　春《はる》
例年《れいねん》よりも早《はや》く　桜《さくら》の花《はな》が咲《さ》いた
その日《ひ》　子《こ》どもたちの幸《しあわ》せな日《ひ》
々《び》は　父《ちち》と母《はは》の中《なか》に帰《かえ》っていた

くろきおさむ

消《け》しゴムの涙《なみだ》

黒田　勲子

書《か》いて
消《け》して

かいて
けして

鉛筆《えんぴつ》が逃《に》げた

追《お》いかけて
また
書《か》いて
消《け》して

けして
かいて
けして
——ああ、つかれた！

ふとみると
消《け》しゴムが
やせて
黒《くろ》い涙《なみだ》を　こぼしている

わたしの
胸《むね》の中《なか》で　心《こころ》で
白《しろ》い涙《なみだ》が　こぼれてきた

くろだいさこ

ひとりぼっちのよる

こさか　みお

ほんとうは　あのとき
ああしておけば
よかったのだろうか
そうすれば　いまごろは
こうだったかもしれないと
ひとはいろいろと
かんがえてしまう

けれど
ときはもどることなく
たしかなのは
いまここにいるわたし

わたしのきおくのなかの
たいせつなもの
たいせつなひと
それらとある
このわたし

それらをなつかしむ
しずかなよるに
ほしはめぐり
つきはわたる

ひとりぼっちのよるに

とかげ　腰塚　益美

校庭《こうてい》のすみっこで　わたしと出《で》く
わし逃《に》げていった
しっぽちょろちょろ小《ちい》さなとかげ
おまえも一人《ひとり》でいたいのかな

ああ、でも、どうしよう
いつ、いおう
今度《こんど》、いおう
いつか、いおう

鉄棒《てつぼう》に寄《よ》りかかり　おまえのしっ
ぽを思《おも》い出《だ》していたら
おかしくって笑《わら》った

なんだか、楽《たの》しくなってきた
なんだか、勇気《ゆうき》が湧《わ》いてきた

そうだ　いえるよ
いってみよう
ねぇ　入《い》れて　わたしも入《い》れて
わたしもドッジボール　やりたい

わたしはもう　一人《ひとり》じゃないよ
しっぽちょろちょろ小《ちい》さなとかげ
おまえのおかげよ　ありがとう

こしづかますみ

おじいちゃんの通信簿《つうしんぼ》

小菅　征夫

春《はる》の日《ひ》の午後《ごご》　おじいちゃんが
押《お》し入《い》れの木箱《きばこ》から
何《なに》かを大切《たいせつ》そうに取《と》り出《だ》した
しばらく眺《なが》めていたが
にこにこしながら僕《ぼく》に差《さ》し出《だ》した
それは　古《ふる》くて黄《き》ばんだ
おじいちゃんの通信簿《つうしんぼ》だった
小学一年《しょうがくいちねん》　自覚《じかく》が足《た》りない
小学二年《しょうがくにねん》　真剣《しんけん》さが足《た》りない
小学三年《しょうがくさんねん》　飽《あ》き易《やす》く持久力《じきゅうりょく》なし
小学四年《しょうがくよねん》　自我《じが》が強《つよ》く反抗《はんこう》する
小学五年《しょうがくごねん》　明朗《めいろう》で友達《ともだち》が多《おお》い
小学六年《しょうがくろくねん》　反抗的態度《はんこうてきたいど》がある
中学一年《ちゅうがくいちねん》　お喋《しゃべ》り多《おお》いが明《あか》るい
中学二年《ちゅうがくにねん》　大分協調的《だいぶきょうちょうてき》になった
中学三年《ちゅうがくさんねん》　突拍子《とっぴょうし》もないことを
　　　　　言《い》う

すごい！　おじいちゃん
僕《ぼく》にそっくり　いやいや僕《ぼく》が
おじいちゃんに似《に》ているのだ

僕《ぼく》はいつも先生《せんせい》に注意《ちゅうい》され
悩《なや》んでいたけれど
笑顔《えがお》のおじいちゃんを見《み》ていたら
このままの自分《じぶん》でいいやと思《おも》った

こすげいくお

秘密《ひみつ》の部屋《へや》

古都美

あたいは、秘密《ひみつ》の部屋《へや》を持《も》っている。部屋《へや》の中《なか》には、どっしりとした、肘掛《ひじか》け椅子《いす》と宇宙服《うちゅうふく》。肘掛《ひじか》けの両側《りょうがわ》には、宇宙《うちゅう》を旅《たび》するのに必要《ひつよう》な装置《そうち》が、組《く》み込《こ》まれてる。

皆《みんな》が寝静《ねしず》まった深夜《しんや》。

あたいは宇宙服《うちゅうふく》に身《み》を包《つつ》み、背《せ》中《なか》に酸素《さんそ》ボンベを背負《せお》う。

壁《かべ》のボタンを押《お》す。丸《まる》い屋根《やね》が静《しず》かに開《ひら》く。椅子《いす》に腰《こし》を掛《か》けて、ベルトで固定《こてい》。スタンバイ。

音無《おとな》しの、ジェットエンジン噴《ふん》射《しゃ》。発進《はっしん》!!

マッハの威力《いりょく》は計《はか》り知《し》れない。

一瞬《いっしゅん》にして地球《ちきゅう》の外《そと》へ。

青《あお》い地球《ちきゅう》に息《いき》をのみ、ブラボー!と叫《さけ》ぶ。

月《つき》が近《ちか》づいてきた。あたいは見《み》た。人間《にんげん》がつけた足跡《あしあと》がくっきり、ついているのを。しかと見届《みとど》けた。

次《つぎ》は火星《かせい》へ。赤茶《あかちゃ》けた石《いし》ころだらけの大地《だいち》の世界《せかい》。だが、いつの日《ひ》か、この火星《かせい》は緑豊《みどりゆた》かな、第二《だいに》の地球《ちきゅう》となるのだろうか。

水《みず》をたたえた、青《あお》い地球《ちきゅう》に引《ひ》き返《かえ》しながら、あたいの胸《むね》は高鳴《たかな》る。

ことみ

ぼくは賢《かしこ》いタブレット　さいとう　しずえ

ぼくは　賢《かしこ》いタブレット
アナログ人間《にんげん》おばあさんに
買《か》われてしまった　さあ大変《たいへん》
水彩画《すいさいが》をウエブ展《てん》へ出《だ》したから
パソコン教室《きょうしつ》へ　行《い》くという

てんてこ舞《ま》いのお教室《きょうしつ》
かな文字《もじ》　漢字《かんじ》　アルファベット
液晶画面《えきしょうがめん》も　大《おお》あわて
教室《きょうしつ》の先生《せんせい》　おっしゃいます
「このタブレットは　よく考《かんが》えて
あなたのお求《もと》めに　応《おう》じます」
「まぁ偉《えら》いのねえ　ありがとう」

ようやく出《で》てきた美術展《びじゅってん》
出展者名簿《しゅってんしゃめいぼ》が現《あら》われて
これ私《わたし》の絵《え》　これ友《とも》の作《さく》
美術《びじゅつ》の秋《あき》が　溢《あふ》れ出《だ》す
もうなみだ目《め》のおばあさん

ぼくの偉大《いだい》な賢《かし》こさを
まだまだ知《し》らないおばあさん
知《し》らないまんまじゃもったいない
ぼく　ずーっとつき合《あ》うよ

さいとうしずえ

カタツムリ　斉藤　瑤子

雨《あめ》あがりの朝《あさ》
庭《にわ》のふみ石《いし》の上《うえ》で
カタツムリが
太陽《たいよう》の光《ひかり》をあびていました
私《わたし》はアジサイの花《はな》を見《み》ながら
歩《ある》いていると
カシャッ
「あっ」
カタツムリをふんでしまった
殻《から》が破《やぶ》れて
つぶれている
草《くさ》の上《うえ》へそっと置《お》く
「私《わたし》が悪《わる》いんじゃないわ
こんなところへ出《で》てくるから
いけないのよ」
自分が悪《わる》かったことを
相手《あいて》のせいにしてしまう
大空《おおぞら》と雲《くも》は
すべてのことをながめていました
心《こころ》の奥《おく》の方《ほう》まで
だまって見《み》ていました
雲《くも》はポツリポツリと
なみだ雨《あめ》を降らしました

さいとうようこ

わたし

佐伯　道子

きょうのわたし
いやなわたしに　なっちゃった
こんなわたし、きらいなのに

わたしが
わたしのこと、きらい
どうしたらいい、わたし
なみだの空《そら》に
白《しろ》い雲《くも》が
風《かぜ》に乗《の》って泳《およ》いでいる

あっ、
足《あし》もとに　黄色《きいろ》いタンポポ

わたし
ころんじゃった
目《め》のまえに　タンポポの花《はな》
よかった
ふまなかった
空《そら》を見上《みあ》げたら
白《しろ》い雲《くも》が
わたしを　見《み》ていたよ

わたし
少《すこ》しだけ
わたしが好《す》きになった

さえきみちこ

ひとりでも

坂本　のこ

空《そら》を見上《みあ》げるのがすき
ひとりで
空《そら》を見上《みあ》げているのがすき

うつむいた顔《かお》を上《あ》げ
猫背《ねこぜ》を伸《の》ばし
肺《はい》に新《あたら》しい空気《くうき》を取《と》り込《こ》んで
耳《みみ》には鳥《とり》の声《こえ》
風《かぜ》の音《おと》
目《め》に映《うつ》るのは
空色《そらいろ》のグラデーション
いろいろな形《かたち》の雲《くも》
反射《はんしゃ》と屈折《くっせつ》が作《つく》る光《ひかり》のもよう

時《とき》には七色《なないろ》の放物線《ほうぶつせん》
聴《き》きなれたメロディーが
脳裏《のうり》に再生《さいせい》される
なんだか得《とく》した気分《きぶん》
ふとだれかに教《おし》えたくなる

空《そら》を見上《みあ》げるのがすき
ひとりで
空《そら》を見上《みあ》げているのがすき
ひとりでも
空《そら》を見上《みあ》げてみようよ

さかもとのこ

祈《いの》り　佐々木　豊

新学期《しんがっき》、真新《まあたら》しい教科書《きょうかしょ》が、
子《こ》ども達《たち》の手《て》もとに届《とど》けられます。
何《なに》もかも新鮮《しんせん》なものばかりです。
そっとページに触《ふ》れます。
子《こ》ども達《たち》は祈《いの》っているのです。

ささきゆたか

はかれないもの　佐藤　せつお

計《はか》る・測《はか》る・量《はか》る
山《やま》の高《たか》さははかれるけれど
希望《きぼう》の高《たか》さははかれない
野原《のはら》の広《ひろ》さははかれるけれど
夢《ゆめ》の広《ひろ》さははかれない
海《うみ》の深《ふか》さははかれるけれど
悲《かな》しみの深《ふか》さははかれない
両眼《りょうめ》の視力《しりょく》ははかれるけれど
心眼《しんがん》の視力《しりょく》ははかれない
鎖《くさり》の強《つよ》さははかれるけれど
絆《きずな》の強《つよ》さははかれない
土砂《どしゃ》の重《おも》さははかれるけれど
命《いのち》の重《おも》さははかれない

震災《しんさい》・コロナウイルスや
いじめ・殺人《さつじん》・戦争《せんそう》などと
隣《とな》りあわせで生《い》きてくなんて
息苦《いきぐる》しくってやりきれない

せめて　せめても
はかれないものを
数字《すうじ》で表記《ひょうき》できないからって
廃棄処分《はいきしょぶん》にしないでほしい
命《いのち》をささえる見《み》えない力《ちから》
大事《だいじ》な大事《だいじ》なものだから

さとうせつお

菜《な》の花《はな》が咲《さ》いて

佐藤　一志

畑《はたけ》いちめん
菜《な》の花《はな》が咲《さ》いて

うねる花《はな》の波間《なみま》
白《しろ》いほおかぶりが見《み》えたら
うれしくなって呼《よ》んでいる
おかあさーん

土《つち》からひょっこり顔《かお》だした
モグラの声《こえ》も聞《き》こえる
ロロモアーン
木の枝《えだ》ではリスが
ココミアーン

モグラことば　リスことばで
おかあさーんと呼《よ》んでいる

どの子《こ》どもにも
知《し》らないまに
めぐりあっていた
おかあさんがいるんよ

生《い》きものの暮《くら》しの中《なか》に
きいろい
きいろい
菜《な》の花《はな》が咲《さ》いてるよ

さとうひとし

マスクの向《む》こうのあなたへ

佐藤　美虹

外出時《がいしゅつじ》
マスクをつけなければならない
日常《にちじょう》は
突然《とつぜん》　始《はじ》まった
あなたの表情《ひょうじょう》は
少《すこ》し見《み》えづらくなった

それでも
周《まわ》りの人《ひと》たちは
ちゃんと見《み》てる
楽《たの》しみや目標《もくひょう》を失《うしな》った
悔《くや》しさを
ぐっとこらえて

頑張《がんば》るあなたを
私《わたし》も頑張《がんば》ろう
と思《おも》えた

早《はや》く
マスクなしで
あなたの笑顔《えがお》が見《み》られる
日常《にちじょう》が
来《き》ますように

さとうみこ

転校生《てんこうせい》ドレミの歌《うた》

下花　みどり

小学生《しょうがくせい》のとき二回転校《にかいてんこう》したのに
中学生《ちゅうがくせい》になって
また転校《てんこう》するなんて…
仲良《なかよ》くなった友達《ともだち》と別《わか》れるのは
もう嫌《いや》だ！
でもいくら嘆《なげ》いても仕方《しかた》ない
どうにもならないことだから

♪

どんな人《ひと》にも
礼儀正《れいぎただ》しく
みんなの輪《わ》の中《なか》へ
不安《ふあん》なときは
空《そら》を見《み》あげて
楽《らく》な気持《きも》ちで
幸《しあわ》せ探《さが》しに
さあ行《い》きましょう

転校生《てんこうせい》ドレミの歌《うた》を口《くち》ずさみ
新《あたら》しい未知《みち》の世界《せかい》へ
とび込《こ》んで行《い》こう！
自分《じぶん》の居場所《いばしょ》はきっとある

しもはなみどり

水《みず》たまり

白谷　玲花

水《みず》たまりができると
天《てん》は
おどろいてしまう
うすっぺらの水《みず》の中《なか》に
おのれのすべてが
すんなりとはいっていくので

天《てん》がおりてくると
水《みず》たまりは
おどろいてしまう
あっという間《ま》に
おのれのすべてが
真《ま》っ青《さお》の海原《うなばら》になっていくので

しらたにれいか

ゆめから　すぎもと　れいこ

―とんでみたいな　おおぞらを―
―とんでいきたい　どこまでも―
人《ひと》は　とりにあこがれゆめをみた
そして
ひこうきをつくった

―いってみたいな　おつきさま―
―のってみたいな　つきのふね―
人《ひと》は　よぞらみあげてゆめをみた
そして
ロケットをつくった

―あってみたいな　うちゅう人《じん》―
―さぐってみたいな　星《ほし》のなぞ―
人《ひと》は　おもいえがいてゆめをみた
そして
とうとう　うちゅうへとんだ

ゆめがくらしを　かえてきた
ゆめがせかいを　ぬりかえる
みらいは
ゆめから　あこがれから

すぎもとれいこ

あなたの心《こころ》に

関根　清子

心《こころ》に「大丈夫《だいじょうぶ》」の種《たね》を
播《ま》きませんか
困難《こんなん》な今《いま》を見《み》つめ
心《こころ》に嘘《うそ》をつかないために

「大丈夫《だいじょうぶ》」の種《たね》が
やがて芽《め》を出《だ》し
生《い》きることの素晴《すば》らしさを
誰《だれ》かに伝《つた》える
言《こと》の葉《は》になってほしい

見《み》たくないもの
聞《き》きたくないもの

触《ふ》れられたくないもの
そんな心《こころ》の声《こえ》に寄《よ》り添《そ》い

自分自身《じぶんじしん》の心《こころ》に
大切《たいせつ》な人《ひと》の心《こころ》に
「大丈夫《だいじょうぶ》だよ」と
言《こと》の葉《は》を届《とど》けたい

すぐそばにある
ささやかな幸《しあわ》せに
気付《きづ》いてほしいから

あなたに

せきねきよこ

みいちゃんのキックバイク

そがべ　たけひろ

お兄《にい》ちゃんの自転車《じてんしゃ》のうしろから
みいちゃんが
おきにいりのキックバイクで
ついて行《い》く

お兄《にい》ちゃんの自転車《じてんしゃ》に
負《ま》けたくないから
がんばって
追《お》いかける

まるで
空《そら》まで飛《と》んで行《い》くように
力《ちから》いっぱい

じめんをけっている

お兄《にい》ちゃんは
そんなみいちゃんを
ふりかえって見《み》ながら
自転車《じてんしゃ》をはしらせる

そがべたけひろ

桜《さくら》　そよ　けいこ

だれもいない日《ひ》
大《おお》きな桜《さくら》の木《き》が　満開《まんかい》になった

風《かぜ》が　やさしく枝《えだ》にふれた
ほろほろと　花《はな》びらが舞《ま》う

―　ホーホケキョ

この瞬間《ときま》を待っていたように
うぐいすが歌《うた》う

花《はな》びらは　いちまい
またいちまい　空《そら》へ

ヒラ　ヒラ　右《みぎ》に
ヒラ　ヒラ　左《ひだり》に

あのひとは
気《き》づいているだろうか
今年《ことし》も　春《はる》がやってきたのに

手《て》のひらに　ちいさな花《はな》びら
そっと　息《いき》を吹《ふ》きかけた

わたしを思《おも》い出《だ》して
ここにいるから

そよけいこ

夜明《よあ》け

空野　愛

水平線《すいへいせん》のかなたから
日《ひ》が昇《のぼ》る
人影《ひとかげ》もない
すべてが静《しず》まりかえっている
厳《おごそ》かだ
何万年前《なんまんねんまえ》の神《かみ》の国《くに》のようだ
大《おお》きく深呼吸《しんこきゅう》すると
世《よ》の中《なか》は一瞬間《いっしゅんかん》だけ
わたしのものになった

巨人《きょじん》のような気分《きぶん》だ
大《おお》きな力《ちから》があふれてくる
そうだ

わたしにはできる
思《おも》い続《つづ》ければきっとできる
今《いま》から自分《じぶん》は変《か》われるぞ

深呼吸《しんこきゅう》したら
さわやかな夜明《よあ》けの空気《くうき》が
全身《ぜんしん》を貫《つらぬ》いていった

消《け》しゴムの夢《ゆめ》

高原　千代美

身《み》を削《けず》ってお役《やく》に立《た》つ
これがぼくの仕事《しごと》
ひたすら働《はたら》いたので
ずいぶん小《ちい》さくなった
それでよかった

あなたがミスをするたび
お別《わか》れする日《ひ》が近《ちか》づく

ずっとずっと
あなたのそばにいたい
あなたのふでばこの中《なか》は
ほんとうに居心地《いごこち》がいい

やさしいあなたと
いっしょにいたい

ぼくの出番《でばん》が
ないことをねがった
一日《いちにち》でも長《なが》く
あなたのそばにいたいから
いつまでも
がんばるあなたを
見守《みまも》っていたいから

たかはらちよみ

昔《むかし》のお話聞《はなしき》いてよね

たかひ　きぬこ

わたしは小学三年生《しょうがくさんねんせい》
戦争《せんそう》はげしくなったので
工場多《こうじょうおお》い所《ところ》から
平野《ひらの》の町《まち》へお引越《ひっこ》し
荷馬車《にばしゃ》と一緒《いっしょ》に大八車《だいはちぐるま》
父《とう》さん　おじさん　歩《ある》きます
母《かあ》さん　子《こ》どもは　汽車《きしゃ》に乗《の》り
市営住宅《しえいじゅうたく》に着《つ》きました
家《いえ》のまわりは草《くさ》ぼうぼう
わたしの背丈《せたけ》もありました
遠《とお》くに川《かわ》が見《み》えました
大和川《やまとがわ》とききました

夜《よる》になって灯《ひ》がともり
窓《まど》や壁《かべ》は虫《むし》だらけ
やもり　バッタ　こおろぎに
わたしは泣《な》いて逃《に》げ回《まわ》る
夕暮《ゆうぐ》れ時《どき》には蚊《か》の襲来《しゅうらい》
まわりの草《くさ》を引《ひ》っこ抜《ぬ》き
かんてきにくべていぶします
うちわでパタパタ　ああけむた
煙《けむり》がいっぱい家《いえ》の中《なか》
蚊《か》を追《お》い出《だ》したその隙《すき》に
急《いそ》いで蚊帳《かや》をつりました
遠《とお》い昔《むかし》のことでした

いのちは奇跡《きせき》でできている

竹内 紘子

暗《くら》い宇宙《うちゅう》のひとつの星《ほし》に
生《い》きものの種《たね》がポツンとめばえ
ながーい　ながい時《とき》をへて
小《ちい》さな足跡《あしあと》がふたつ
歩《ある》き続《つづ》けて　ジンルイ
ジャンジャカ　ジャン

センソウがあって
弾《たま》のなかを　ヒーヒー逃《に》げた
おおおじいさんとおおおばあさん
金《かね》をもとめて　ハーハー走《はし》った
おじいさんとおばあさん
偶然《ぐうぜん》という時《とき》と場所《ばしょ》で出会《であ》った

おとうさんとおかあさん
そして　今《いま》　わたしがいる
地震《じしん》　災害《さいがい》　火事《かじ》　汚染《おせん》
オーイ　オーイ
声《こえ》かけあって
生《い》きのび　つながり
この命《いのち》
いのちは奇跡《きせき》でできている

たけうちひろこ

冬《ふゆ》の木《き》

武西　良和

葉《は》をみんな落《お》とした立木《たちき》が
ホウキになって空《そら》を
掃《は》き始《はじ》めた

でもいくら掃《は》いても空《そら》には
雲《くも》がぷかぷか
ゆったり

しかたなくホウキは鳥《とり》たちの
声《こえ》を川原《かわら》の草《くさ》むらへと
掃《は》き寄《よ》せた
草《くさ》むらはにぎやかになった

雨《あめ》とともに強《つよ》い風《かぜ》が吹《ふ》いた
草《くさ》が倒《たお》れ木《き》が倒《たお》れかかり
ホウキは仕事《しごと》ができず
うつむいたまま

ようやく雨風《あめかぜ》が止《や》み
草《くさ》むらから出《で》た鳥《とり》たちの
声《こえ》が大《おお》きくなり
空《そら》に集《あつ》まった

ホウキの形《かたち》になって空《そら》を
掃《は》き始《はじ》めたらそこに
春《はる》が顔《かお》を出《だ》した

たけにしよしかず

自分《じぶん》をしっかり

田中　たみ子

ぼく　なりたいんだ
ふわふわしない
友達《ともだち》の言葉《ことば》に流《なが》されない
自分《じぶん》に　なりたいんだ

まわりの友達《ともだち》にそそのかされる
軽《かる》い自分《じぶん》
みんなの言葉《ことば》に流《なが》され行動《こうどう》する
そんな自分《じぶん》を変《か》えたいんだ

自分《じぶん》の頭《あたま》で考《かんが》え
自分《じぶん》の心《こころ》の声《こえ》をしっかり聞《き》き
友達《ともだち》の言葉《ことば》に流《なが》されない

自分《じぶん》になりたい
自分《じぶん》の未来《みらい》を見《み》つめて
しっかり歩《ある》いて　ゆきたいんだ

たなかたみこ

ドラムビート　津川　みゆき

だいじょうぶ　だいじょうぶ
大事《だいじ》な時《とき》に
心臓《しんぞう》のドキドキが大《おお》きく響《ひび》くのは
君《きみ》を　応援《おうえん》するドラムの音《おと》だから

いつもは
気《き》にもしていない心臓《しんぞう》だけど
今《いま》　一生懸命《いっしょうけんめい》
君《きみ》に　エールを送《おく》っているんだ

だから
落《お》ち着《つ》いて
胸《むね》を張《は》って
しっかり　前《まえ》を見《み》て
さあ

ドラムビート…ドラムを叩《たた》く音《おと》

つがわみゆき

雑草《ざっそう》のいのち

土屋　律子

うつくしいと
ながめられる
こともなく

きれいと
ほめられる
こともなく

ふまれても
ふまれても
たくましく
しずかに
生《い》きている雑草《ざっそう》

それなのに
めいわくがられ
ぬきとられ
いのちを
うばわれる

たくましく
せつない
雑草《ざっそう》のいのち
いとおしい

つちやりつこ

忘《わす》れているけど　常田　メロン

「あの時《とき》、楽《たの》しかったね」
と話《はな》したら
赤《あか》ちゃんだったえりは
あの時《とき》を忘《わす》れている
でもえりの胸《むね》に
　幸《しあわ》せがのこっている

「さっき、おもしろかったね」
と話《はな》したら
認知症《にんちしょう》の母《はは》は
さっきを忘《わす》れている
でも母《はは》の心《こころ》に
　思《おも》いがのこっている

トンボの国《くに》

つゆき　和代

宇宙《うちゅう》には
トンボの国《くに》がある
そこは
トンボだけの世界《せかい》
シオカラトンボ
赤《あか》トンボ
オニヤンマ
それから
トンボの王《おう》さま
トンボの王《おう》さまは
クジラより大《おお》きい
みんながつながって
王《おう》さまになるんだ

つゆきかずよ

カエル

とこ

カエルが
ゲェー　ゲェー　ゲェー
ぼくも
ゲェー　ゲェー　ゲェー
と、いってみる

カエルが
ゲェー　ゲェー　ゲェー
ぼくも
ゲェー　ゲェー　ゲェー
仲間《なかま》になった気分《きぶん》だ

雨《あめ》

戸田　たえ子

雨《あめ》は　だまって　おちる
だまって　おちて　おちて

山《やま》に　おちて
海《うみ》に　おちて
屋根《やね》に　おちて
草《くさ》にも
花《はな》にも　おちて
私《わたし》の頭《あたま》の上《うえ》にも　おちて
そこらじゅうに　おちて

おちた　とたんに

声《こえ》を出《だ》す

とだたえこ

神社《じんじゃ》のネコ　都丸 圭

ある日《ひ》　ネコボランティア隊《たい》が神社《じんじゃ》にいるネコを集《あつ》めに来《き》た。ネコがこれ以上《いじょう》　増《ふ》えないようにする手術《しゅじゅつ》のためだ。餌《えさ》でネコをさそい　カゴに入《い》れて動物病院《どうぶつびょういん》へ運《はこ》ぶ。手術済《しゅじゅつず》みの印《しるし》として　耳《みみ》を少《すこ》しカットしてもらい　ネコたちは元《もと》の神社《じんじゃ》にもどされる。子《こ》どもは産《う》めなくなるから　子孫《しそん》はなく　ネコたちは自分《じぶん》の一生《いっしょう》だけを生《い》きる。ボランティアたちは　近所《きんじょ》の人《ひと》と争《あらそ》わないように　こっそり餌《えさ》をやる。ネコ嫌《ぎら》いな人《ひと》も　ネコのウンチが汚《きたな》いと言《い》う人《ひと》も　畑《はたけ》に入《はい》って困《こま》ると言《い》う人《ひと》もいるからだ。ネコは昔《むかし》から人間《にんげん》を頼《たよ》って生《い》きてきた。他《ほか》の野生動物《やせいどうぶつ》のようには生《い》きられない。

手術《しゅじゅつ》をした神社《じんじゃ》のネコたちは　これからどんな夢《ゆめ》を見《み》て生《い》きていけばいいのかと　人間《にんげん》を恨《うら》みたいことだろう。ネコ族《ぞく》は人間界《にんげんかい》を離《はな》れネコの文明《ぶんめい》を築《きず》け　子《こ》どもを自由《じゆう》に産《う》み育《そだ》てられる時代《じだい》を築《きず》け　とネコたちに言《い》いたい。

とまるけい

補欠《ほけつ》　豊崎　えい子

ぼくと彼《かれ》は
中学《ちゅうがく》の三年間《さんねんかん》
野球部《やきゅうぶ》に入《はい》っていた
ずっと　補欠《ほけつ》だった

中学最後《ちゅうがくさいご》の県大会《けんたいかい》は
大差《たいさ》で勝利目前《しょうりもくぜん》
監督《かんとく》は　代打《だいだ》に
補欠《ほけつ》の一年生《いちねんせい》を　指名《しめい》
ぼくらはまだ　県大会《けんたいかい》に
出《で》たことがないのに
試合《しあい》が終《お》わると
なぜか　彼《かれ》はトイレに

閉《と》じこもった
だいじょうぶ？
うん……
二人《ふたり》は　それ以上《いじょう》
何《なに》も話《はな》さなかった

帰《かえ》り道《みち》
ぼくと彼《かれ》は　並《なら》んで
ひたすら　自転車《じてんしゃ》をこぐ
春《はる》の風《かぜ》は冷《つめ》たかった
それでも　ぼくらは
唇《くちびる》をかんで走《はし》った
前《まえ》だけを向《む》いて

とよさきえいこ

忘《わす》れていたオルゴールで

中尾　壽満子

コロナウイルスのニュースに
来店《らいてん》のお客様《きゃくさま》は〝ゼロ〟
美容歴六十年《びようれきろくじゅうねん》の時計《とけい》は止《と》まる

時間《じかん》を持《も》て余《あま》し
遠《とお》い日贈《ひおく》られ　そのまま
飾《かざ》り棚《だな》の奥《おく》に収《おさ》めていた
グランドピアノ型《がた》
オルゴールを取《と》り出《だ》す

ピアノの上《うえ》に　トウシューズで
つまさき立《だ》ちしている人形《にんぎょう》
ふたを開《ひら》くと
〝美《うつく》しく　青《あお》きドナウ〟の
メロディーが流《なが》れ
人形《にんぎょう》が　ゆっくり回《まわ》った

棚《たな》の奥《おく》に収《おさ》めていた
オルゴールは
遠《とお》くへ旅立《たびだ》った人《ひと》の優《やさ》しさで
イライラしていた
私《わたし》の心《こころ》を　和《やわ》らげた

なかおすまこ

やんちゃっ子《こ》　北風《きたかぜ》

永田　喜久男

運動場《うんどうじょう》で
雪《ゆき》だるまを　つくった

雪《ゆき》が　つれてきた
やんちゃっ子《こ》　北風《きたかぜ》は
ぼくらが　雪玉《ゆきだま》を　ころがしてい
たら
背《せ》を　押《お》しまくるし
帽子《ぼうし》を　ふっとばすし
いやな子《こ》だけど　おもしろい奴《やつ》だ
よ

ぼくらが　もう帰《かえ》るからと　言《い》っ
たら
運動場《うんどうじょう》をかけ回《まわ》って　さけんでい
たよ

—いやだ！　いやだ！
まだまだ　あそぶ！　あそぶ！
ヒュー　ヒュー　ヒュー
ヒュー　ヒュー　ヒュー

ながたきくお

狐《きつね》はコンコンと鳴《な》かなかった

中原　千津子

人《ひと》は　いくつから
自分《じぶん》を自分《じぶん》として
わかるようになるのだろう？

ある日《ひ》　母《はは》は街《まち》の病院《びょういん》へ入院《にゅういん》して
父《ちち》とわたしは
田《た》んぼの中《なか》の一軒家《いっけんや》へ越《こ》した

三《さん》さいのわたしは
その小《ちい》さな家《いえ》が気《き》に入《い》った
白《しろ》い玉《たま》すだれが
くっきりと咲《さ》いていた

家《いえ》の向《む》かいは　鎮守《ちんじゅ》の森《もり》
日《ひ》が暮《く》れると
森《もり》は黒々《くろぐろ》とかたまり
その上《うえ》には白《しろ》い月《つき》
澄《す》みわたった夜空《よぞら》に
「ケーン・ケーン」と鳴《な》く狐《きつね》

幼《おさな》いわたしはまだ
孤独《こどく》を知《し》るわけもなく
母《はは》を恋《こ》うわけでもなく
草原《くさはら》でひろった　桃太郎印《ももたろうじるし》の
赤《あか》いゴムマリを抱《だ》いて寝《ね》た

なかはらちづこ

また来《く》るからね

中村　みちこ

雑木林《ぞうきばやし》で
まだ　北風《きたかぜ》の子《こ》が遊《あそ》んでいます
芽《め》を出《だ》しかけた木々《きぎ》の間《あいだ》を
ヒュー　ヒューン

「うわぁ　寒《さむ》い」
クヌギは芽《め》を引《ひ》っ込《こ》めます
たんぽぽの蕾《つぼみ》は堅《かた》いまま

見《み》かねた　こぶしのおばさんが
北風《きたかぜ》の子《こ》を呼《よ》び集《あつ》め
「そろそろ北《きた》へお帰《かえ》りなさい」
今年《ことし》も　やさしく言《い》いました

枝《えだ》に並《なら》んだ子供達《こどもたち》
みんな笑顔《えがお》で　うなずきました
「楽《たの》しかったね　もう帰《かえ》ろう」
「また来年《らいねん》も来《く》るからね」

あたたかい風《かぜ》さんやって来《き》て
クヌギが
そろりと芽《め》を出《だ》しました
たんぽぽの
黄色《きいろ》い花《はな》も咲《さ》きました

なかむらみちこ

バラのつぼみ

南郷　芳明

そうだったんだね
つらかったんだね
とげだらけになって　きみは
意地悪《いじわる》な虫《むし》たちから　やっと
自分《じぶん》を守《まも》ってきたんだね

でもね　傷《きず》つけてしまうんだよ
そのとげは
きみ自身《じしん》や
きみを愛《あい》してくれる人《ひと》たちまで

そうだよ
強《つよ》くなったきみには

もう　いらない
そっと
しまっておけばいいのさ

ほら　美《うつく》しい季節《きせつ》がやってきたよ
今《いま》は　ただ
きみの　その　夢《ゆめ》のつぼみを
みずみずしく咲《さ》かせることだけ
考《かんが》えておくれ

なんごうよしあき

小《ちい》さな葉《は》っぱ

新野　道子

赤《あか》　黄《き》　茶色《ちゃいろ》
校庭《こうてい》にまかれたさくらの葉《は》っぱ
また　一葉《ひとは》
枝《えだ》からはなれてふらふら着地《ちゃくち》
あれっ
きらりと光《ひか》って
ひらりと
とび上《あ》がった小《ちい》さな葉《は》っぱ
上《じょう》しょう気流《きりゅう》にのって
空高《そらたか》くまい上《あ》がる
秋色《あきいろ》に衣《ころも》がえした小《ちい》さな葉《は》っぱ
子《こ》どもたちが

おしゃべりしていた海《うみ》
あの海《うみ》を見《み》たくて
とんだ
海《うみ》のにおいのするほうへ
風《かぜ》になって

にいのみちこ

線路脇《せんろわき》の子《こ》やぎ

にしかわ　とよこ

崖《がけ》をのぼる白《しろ》い子《こ》やぎを
電車《でんしゃ》の窓《まど》から見上《みあ》げていた
遠《とお》くの町《まち》では
テレビで見守《みまも》る人《ひと》もいた

柵《さく》から逃《に》げ出《だ》し
のびのびと草《くさ》を食《た》べる子《こ》やぎは
自由《じゆう》に動《うご》けない人々《ひとびと》の
希望《きぼう》になった

ねえ、子《こ》やぎ
崖《がけ》の上《うえ》から
線路《せんろ》の先《さき》が見《み》えるかい？

コロナが消《き》えた
自由《じゆう》な世界《せかい》が見《み》えるかい？

にしかわとよこ

ま、いいか…　西野　すみれ

口《くち》の達者《たっしゃ》な妹《いもうと》が絡《から》んできた
構《かま》って欲《ほ》しいのだ
うっとうしい　心《こころ》が尖《とが》ってゆく
バトル勃発《ぼっぱつ》!!　容赦《ようしゃ》はしない
言葉《ことば》は　ドッジボールと化《か》す

諦《あきら》めて　弟《おとうと》に絡《から》んでゆく
弟《おとうと》とも　ドッジボールだ!!
イライラ病《びょう》は伝染《でんせん》するようだ
流《なが》れで　パパに楯突《たてつ》いて
「反抗期《はんこうき》か？」と　弟《おとうと》は怒《おこ》られた
ママは　ケンカを止《と》めない

淡々《たんたん》と家事《かじ》をしている
ママに聴《き》く「イライラしないの？」
諍《いさか》いは　社会《しゃかい》に出《で》る予行練習《よこうれんしゅう》
自我同士《じがどうし》の　ぶつかり合《あ》い
受《う》け止《と》め方《かた》が　すべての始《はじ》まり

「ま、いいか…」
と　口《くち》に出《だ》して言《い》ってごらん
大抵《たいてい》のことは　流《なが》せてしまうから
最近不思議《さいきんふしぎ》だ　ぼくの心《こころ》の中《なか》に
「ま、いいか…」が　育《そだ》っている!?

（容赦《ようしゃ》）手加減《てかげん》　（楯突《たてつ》く）反抗《はんこう》する　（淡々《たんたん》）あっさりしたさま　（諍《いさか》い）言《い》い争《あらそ》い　（自我《じが》）エゴ・個性《こせい》の側面《そくめん》

にしのすみれ

旭《あさひ》が丘経由《おかけいゆ》

野原　にじうお

ぼくは　うつむいた

ロータリーの向《む》こう側《がわ》
学生服《がくせいふく》を着《き》た丸山《まるやま》くんが
まっすぐ前《まえ》を見《み》ている

丸山《まるやま》くんをトイレにとじこめて
ゴールと叫《さけ》ぶみんなの声《こえ》で
ぼくの手《て》もドアを押《お》さえた
ゴールなんかじゃない
遊《あそ》びじゃない　いじめだった
言《い》えなかったのは
「やめよう」の　ひとこと

あの時《とき》　小学《しょうがく》3年《ねん》だったぼくが
今《いま》のぼくを　うつむかせる

今日《きょう》　中学《ちゅうがく》1年《ねん》のぼくは
うつむかせたままなんだろうか
未来《みらい》のぼくを
うつむかせたままなんだろうか

「旭《あさひ》が丘経由《おかけいゆ》」
バス停《てい》の文字《もじ》が見《み》える
丸山《まるやま》くんの立《た》つ姿《すがた》が見《み》える

ぼくは　ぼくはどこへ行《い》くんだ

のはらにじうお

か

浜野木　碧

か　の　名《な》は　短《みじか》い
か
たった　それだけ

か　の　眼《め》は　小《ちい》さい
けれども
すばやく　ぼくを　見《み》つける

か　の　針《はり》は　細《ほそ》い
だから
こっそり　ぼくを　刺《さ》しにくる

かゆいな　か　かな

かゆいね　か　だね

刺《さ》されたところが
ぷくぷくっ　と　ふくれてくる

かきたい　でも　かかない
かかない　でも　かきたい

がまんすれば　するほど
かっか　かっか　してくる

かゆいよ　か　だよ
かゆいぞ　か　だぞ

はまのぎみどり

おばあちゃんのお年玉《としだま》

林　佐知子

おばあちゃんは　毎年《まいとし》　お正月《しょうがつ》
孫《まご》たちに　お年玉《としだま》をあげていた
「たまかにね」
と　ことばを添《そ》えて

たまかにって
意味《いみ》はわからなかった
倹約《けんやく》で　つましいことだけど
響《ひび》きから
特別《とくべつ》な匂《にお》いをかぎとった
感謝《かんしゃ》して大切《たいせつ》にしようと　誓《ちか》った

おばあちゃんは　二つのお年玉《としだま》を
手渡《てわた》ししていたんだ
お金《かね》と
むだづかいせず
お金《かね》を大切《たいせつ》にする心《こころ》と

お正月《しょうがつ》のたび耳《みみ》にしたことばは
心《こころ》におりて　染《し》みついている
おばあちゃんの匂《にお》いをぷんとさせ
て

はやしさちこ

波《なみ》のしずく

原田　亘子

翼《つばさ》によくにた波《なみ》が
波《なみ》をのみこんで
またすこし大《おお》きめな
波《なみ》をのみこんで
波《なみ》、波《なみ》、波《なみ》、の
たたみかけ

若草色《わかくさいろ》の波《なみ》は
いったい
いつまでつづくんだろう

今朝《けさ》　畑《はたけ》でとれたての
葉《は》をちぎって

口《くち》のなかにいれたら
ひんやり
甘《あま》いしずくがひろがった

大気《たいき》の海《うみ》から
すくいあげた朝露《あさつゆ》
キャベツの波《なみ》にのって
ぼくのからだに
こぼれ落《お》ちてきた

はらだのぶこ

しあわせスタンプ　はるかぜ　そよか

空《そら》にきれいなにじが出《で》ていた
しあわせスタンプ　１つ
給食《きゅうしょく》に大好《だいす》きなカレーが出《で》た
しあわせスタンプ　２つ
ゲームをひとつクリアできた
しあわせスタンプ　３つ
友達《ともだち》とおしゃべり楽《たの》しかった
しあわせスタンプ　４つ
おばあさんにバスの席《せき》をゆずり

ありがとうと言《い》われた
しあわせスタンプ　５つ
心《こころ》の中《なか》のカードに
しあわせスタンプ　ポン！
どんどん増《ふ》やして行《い》こう

しあわせスタンプ
ポン　ポン　ポン！

心《こころ》の中《なか》のカードが
いっぱいになったら
なにか良《よ》いこと起《お》きるかな

はるかぜそよか

アシカ

半田　信和

あしか
てか
わからないけど
ぐいっと
みずをつかんで
すーっと
すすむ

みずからでて
ふいーっと
いきをはくと
あしか
てで

だいちをけって
すいーっと
そらへ

あ
しかだ

はんだしんかず

夜《よる》の羊雲《ひつじぐも》　樋口　てい子

「羊雲《ひつじぐも》だよ　きてごらん」
雨戸《あまど》をしめてた　おとうさん

急《いそ》いでいって　空《そら》をみた

月《つき》の光《ひかり》に照《て》らされて
白《しろ》く輝《かがや》くヒツジたち
空《そら》が牧場《まきば》になっていた

ひぐちていこ

レンゲソウ　ひらいで　鏡子

春《はる》になると
田《た》んぼにレンゲソウが咲《さ》いた
ピンク色《いろ》をした花《はな》にこころが浮《う》き
田《た》んぼの真《ま》ん中《なか》まで走《はし》っていった
勢《いきお》いよく仰向《あおむ》けに倒《たお》れた
空《そら》は何処《どこ》までも空《そら》で
ヒバリの声《こえ》が軽《かろ》やかに響《ひび》いている
手《て》も足《あし》も思《おも》いっきり広《ひろ》げたから
離《はな》れてみると
花畑《はなばたけ》に大《だい》の字《じ》の人型《ひとがた》が出来《でき》ていた
悪気《わるぎ》のない子《こ》どもの遊《あそ》びだった

レンゲソウは
根《ね》が稲《いね》の肥料《ひりょう》になることを
大人《おとな》になってから知《し》った
種《たね》をまいて育《そだ》てていたのかと
無知《むち》を恥《は》ずかしく思《おも》った
遊《あそ》びで残《のこ》した人型《ひとがた》は
記憶《きおく》の中《なか》にそっと隠《かく》す

思《おも》い浮《う》かべるレンゲ畑《ばたけ》の中《なか》で
人型《ひとがた》をつくってみた
小《しょう》の字《じ》になってしまったけれど
大切《たいせつ》なことは
いつも側《そば》にあると気《き》づいた
まして踏《ふ》みにじるなど——

ひらいできょうこ

翼《つばさ》のバラード

福井　一美

漁師《りょうし》や　船乗《ふなの》りたちは　見《み》ている
海面《かいめん》から　イカたちが
浮《う》きあがってきて
空《そら》を飛《と》んでいるのを
—エラいもんだねぇ！

遠《とお》い国《くに》の　ギリシャの
イカロスは
自由《じゆう》に大空《おおぞら》を　飛《と》びたいと願《ねが》った
翼《つばさ》を　ロウでくっつけて
失敗《しっぱい》をくり返《かえ》しながら　完成《かんせい》
この国《くに》の季節《きせつ》は　雨《あめ》が少《すく》ない

大地《だいち》は乾《かわ》き　杉《すぎ》やオリーブの木《き》は
時《とき》おりの風《かぜ》に　揺《ゆ》れているだけ
高《たか》く飛《と》んでいる間《あいだ》に
翼《つばさ》のロウが　溶《と》けはじめた
神々《かみがみ》の神殿《しんでん》や　鏡《かがみ》のように
青《あお》く美《うつく》しい　エーゲ海《かい》の島々《しまじま》の
景色《けしき》が反転《はんてん》していく
堕《お》ちていく　イカロス
悲《かな》しい　イカロス

イカは　イカロスの翼《つばさ》を知《し》らない
墨《すみ》を吐《は》くものどうしの　タコは
凧《たこ》となり　イカ凧《だこ》と張《は》りあってる

ふくいかずみ

とらんぽりん

福本　恵子

そらへ
ばうんど
しつづけて
だいちに
おりたつからでしょか
とらんぽりんの
かえりみち
じゃないじゃないが
あふれます

わたしのいきじゃないみたい
わたしのこえじゃないみたい
わたしのあしじゃないみたい

わたしのまちじゃないみたい

じゃないを
ひとり
みつけては
わたしのいえに
いそぎます

ふくもとけいこ

あらし　藤井　かなめ

ゆんべ　真黒《まっくろ》な嵐《あらし》が山《やま》を荒《あ》れ狂《くる》い
唸《うな》りをあげてかけぬけていった

こっちの木立《こだち》は　根《ね》こそぎ倒《たお》され
向《むこ》うでは幹《みき》の真中《まんなか》からへし折《お》られ
あんなに行儀《ぎょうぎ》良《よ》く並《なら》んでいた
杉《すぎ》の木《き》が谷間《たにま》に押《お》しあいへしあい
なだれこんでいる

ひしゃげた杣小屋《そまごや》のかたわらで
じいやんは黙《だま》りこくったまま
立《た》ちつくしていた
せがれと同《おな》い年《どし》の杉《すぎ》の木《き》たち

そのせがれが村《むら》を出《で》ていってから
何年《なんねん》になるのか

気《き》がつくと　目《め》の前《まえ》に
すっくと立《た》っている　実生《みしょう》の若木《わかぎ》
山《やま》を見上《みあ》げると
多《おお》くの木々《きぎ》は　ゆうゆうと並《なら》び
青《あお》くかがやいている
嵐《あらし》に耐《た》えた　一本《いっぽん》の若木《わかぎ》
どこかで　しっかりと根《ね》を張《は》る
せがれに見《み》えてくる

じいやんは思《おも》わず拳《こぶし》を握《にぎ》りしめた

ふじいかなめ

木《き》の気分《きぶん》

ふじもと　みちこ

きょうは
とても　いい天気《てんき》
みんなで
森《もり》へ　出《で》かけよう
なんだか
木《き》になった　気分《きぶん》
ねえ
いっしょに　歌《うた》おうよ
緑《みどり》の葉《は》っぱの　あいだから
こぼれる　ひかり
スポットライト

きょうは
風《かぜ》が　さわやかだ
みんなで
森《もり》を　歩《ある》きたい
すっかり
木《き》になった　気分《きぶん》
さあ
声《こえ》を　あわせよう
青《あお》い空《そら》まで　ひびきわたる
小鳥《ことり》の　さえずり
ばんそうにして

ふじもとみちこ

ダンディーライオン　ほさか　としこ

たんぽぽが咲《さ》いていると足《あし》を止《と》め
声《こえ》をかけたくなるね
イギリスではたんぽぽを
「ダンディーライオン」と
よぶんだって

長《なが》いタテガミのイケメンライオン
かっこいいニックネームだね
タテガミは緑《みどり》の葉《は》っぱ
寒《さむ》い日《ひ》はブランケットになって
花《はな》を温《あたた》めているのかな

花《はな》は今《いま》　白《しろ》い羽《はね》をつけて
地上《ちじょう》を離《はな》れる準備《じゅんび》OK
緑《みどり》のタテガミが風《かぜ》をおこし応援《おうえん》だ
飛《と》んでいけ！
高《たか》く　遠《とお》くへ！

待《ま》ちに待《ま》った自由《じゆう》を体《からだ》いっぱいに
やがて夕《ゆう》ぐれ　鳥《とり》が巣《す》に帰《かえ》るころ
寒《さむ》さと不安《ふあん》にふるえるだろう
けれど自由《じゆう》を得《え》た羽《はね》のそばに
温《あたた》かいブランケットはもう　ない

ほさかとしこ

たしざん

星野　良一

ぼくはとっても
ひきざんがきらい

ひきざんすると
こころのまんなか
ぐちゃぐちゃになる
だんだんえがおが
なくなっていく

だからぼくは
たしざんをする
あさめがさめたら
こころのなかで

一《いち》＋《たす》一《いち》＝《で》
二《に》ーっとわらい
きのうにきょうを
たしていく

ほしのりょういち

パンドラの箱《はこ》

ほてはま　みちこ

真《ま》っ青《さお》な海《うみ》の　波打《なみう》ち際《ぎわ》に
空色《そらいろ》に塗《ぬ》られた　箱《はこ》があった
箱《はこ》の面《おもて》には　鳥《とり》や雲《くも》が飛《と》んでいた
あまりに楽《たの》しそうに　戯《じゃ》れ合《あ》い
歌《うた》っていたものだから
海《うみ》の底《そこ》の　パンドラを
起《お》こしてしまった

あの日《ひ》　パンドラは
地面《じめん》を激《はげ》しく　揺《ゆ》さぶり
津波《つなみ》とともに　やって来《き》て
空色《そらいろ》の箱《はこ》を壊《こわ》し　うち捨《す》てた
箱《はこ》からは　あらゆる災《わざわ》いの種《たね》と

放射能《ほうしゃのう》が　飛《と》び散《ち》った

飛《と》び散《ち》った災《わざわ》いの種《たね》は
世界中《せかいじゅう》に拡《ひろ》がって
自然《しぜん》を壊《こわ》し　争《あらそ》いをひき起《お》こし
コロナという　未知《みち》の病原菌《びょうげんきん》を
まき散《ち》らし続《つづ》けている

けれど　パンドラの箱《はこ》の中《なか》には
希望《きぼう》の種《たね》が残《のこ》っていた
だから　どんなに厳《きび》しい時《とき》にでも
希望《きぼう》を捨《す》てずに　生《い》きて行《い》こう
明《あか》るい未来《みらい》がきっと来《く》ると信《しん》じて

かふく

牧山　ののは

いやはやどうやら
しさいつきたか

どうにかこうにか
なげずにきたが

なんにもかけぬな
かくなるうえは

たびでもしようか
あおばがりをば

そのまえにかくか
かぞくへなにか

しかしかけるかな
なにもかけぬが

かくかくしかじか
あれまかけたな

はてさてどうやら
しもかけたかな

まきやまののは

りんごの木《き》

松山　真子

そう
そこに足《あし》をかけるんだ
木登《きのぼ》りうまいじゃないか

おいで

私《わたし》の体《からだ》は
椅子《いす》にもなるし
ベッドにもなるし
食堂《しょくどう》にもなる

まつやままこ

お使《つか》いの朝《あさ》　まるん

冬《ふゆ》のよく晴《は》れた早朝《そうちょう》。自分《じぶん》の箒《ほうき》に乗《の》って上空《じょうくう》から見《み》える景色《けしき》はステキです。私《わたし》はママのお使《つか》いです。

北《きた》の山《やま》に向《む》かって飛《と》んでいると、東《ひがし》の空《そら》が明《あか》るくなってきます。

私《わたし》のまわりの空気《くうき》は冷《つめ》たいけれど、お顔《かお》の右《みぎ》に太陽《たいよう》の光《ひかり》をうけてキラッ、キラッ。キラッ、キラッとダイヤモンドダストが光《ひか》ります。やがて、右《みぎ》に太陽《たいよう》が見《み》えてきます。

夜《よる》と昼《ひる》との入《い》れ替《か》えです。

夜《よる》は、お月様《つきさま》とたくさんの星々《ほしぼし》をつれて、あわてて舞台《ぶたい》の袖《そで》に引《ひ》き込《こ》んでいきます。

夜中《よなか》の大雪《おおゆき》が嘘《うそ》のようです。山々《やまやま》は白《しろ》く、高《たか》い木々《きぎ》も雪《ゆき》に埋《う》もれています。

足下《あしもと》には真《ま》っ白《しろ》な銀世界《ぎんせかい》が絨毯《じゅうたん》のように広《ひろ》がります。太陽《たいよう》が昇《のぼ》るにつれ、東《ひがし》の方《ほう》から明《あか》るい色《いろ》の軍《ぐん》隊《たい》が、波《なみ》のように押《お》し寄《よ》せます。そして地上《ちじょう》のあちこちを南北《なんぼく》に一《いち》列《れつ》になって次々《つぎつぎ》と色《いろ》をつけていきます。私《わたし》はこの瞬間《しゅんかん》を眺《なが》めるのが大好《だいす》きです。北山《きたやま》の大天狗《おおてんぐ》さんまで魔法使《まほうつか》いのママのお使《つか》いです。

まるん

呼《よ》び水《みず》

みずたに　ゆみ

井戸《いど》が枯《か》れたとき
新《あたら》しい水《みず》を注《つ》ぎ
手《て》押《お》しポンプの柄《え》をこぐと
不思議《ふしぎ》と水《みず》が湧《わ》いてきた

水《みず》が水《みず》を呼《よ》ぶように
水《みず》は人《ひと》も呼《よ》び寄《よ》せる

母《はは》の羊水《ようすい》から
この世《よ》に生《う》まれ
産湯《うぶゆ》につかり
この世《よ》を去《さ》るとき
末期《まつご》の水《みず》を飲《の》む

人《ひと》の体《からだ》のほとんどは
水《みず》で出来《でき》ている
だから
水《みず》が水《みず》を呼《よ》ぶように
水《みず》は人《ひと》を呼《よ》び寄《よ》せる

昔《むかし》飲《の》んだ湧《わ》き水《みず》の甘《あま》さを思《おも》い出《だ》す
どんな飲《の》みものよりも美味《びみ》だった
この世《よ》に　私《わたし》は
水《みず》に呼《よ》ばれて生《う》まれてきた
だから
私《わたし》も誰《だれ》かを呼《よ》んでみよう
この世《よ》の水《みず》は甘《あま》いよと

みずたにゆみ

愛《あい》の約束《やくそく》　ミツシロ　エスタ

哀《かな》しいことは
もう想《おも》い出《だ》さないで…
愛《あい》してる人《ひと》の顔《かお》だけ
想《おも》い出《だ》して…
そうしたら
また
優《やさ》しい気持《きも》ちになれる
きれいな愛《あい》だけになれる
ゆっくり息《いき》をして
ゆっくり命《いのち》を運《はこ》んで
神様《かみさま》が美《うつく》しい愛《あい》で
きっと　かならず
守《まも》ってくれる
永遠《えいえん》の約束《やくそく》だから…

みつしろえすた

こころ模様《もよう》　緑山　ゆりか

人《ひと》は誰《だれ》でも　一《ひと》すじの
川《かわ》を心《こころ》に　宿《やど》してる
岩《いわ》から落《お》ちる　一滴《いってき》の
雫《(ゆめ)》を集《あつ》めて　せせらぎは
やがて大河《たいが》に　なるのだと

人《ひと》は誰《だれ》でも　果《は》てしない
海《うみ》を心《こころ》に　宿《やど》してる
争《あらそ》いごとや　憎《にく》しみも
大海《(はは)》のふところ　想《おも》うとき
広《ひろ》い心《こころ》で　許《ゆる》せると

人《ひと》は誰《だれ》でも　七色《なないろ》の
虹《にじ》を心《こころ》に　宿《やど》してる
苦楽《くらく》と愛《あい》と　やさしさと
悲喜《ひき》と情《なさ》けの　心《(いろ)》模様《もよう》
だから人生《じんせい》　素晴《すば》らしい

みどりやまゆりか

海辺《うみべ》の散歩道《さんぽみち》

みはら　たつみ

波《なみ》が　石垣《いしがき》にあたって
ぱしゃん
　ぽしょん
　　ぱしゃん　と
うたをうたっている

船《ふね》がとおりすぎていったら
ざぶん　ざぶんと
大《おお》きな波《なみ》がおしよせる
桟橋《さんばし》もおされて
ゆら　ゆら　ゆれる
海《うみ》の底《そこ》は深《ふか》くて見《み》えないけれど

小魚《こざかな》のむれが
桟橋《さんばし》の下《した》から
でたり　入《はい》ったり
カニも　上手《じょうず》に石垣《いしがき》を歩《ある》きまわる
足音《あしおと》がしたら
すばやく　すきまににげこんで
そっとのぞいて
こっそり　でてくる

海辺《うみべ》の道《みち》を　ゆっくり歩《ある》くと
楽《たの》しいことが
いっぱい　見《み》える

みはらたつみ

虹《にじ》

三好　清子

今《いま》だ
七色《なないろ》の孤《こ》を描《えが》いている間《ま》に
あの下《した》に立《た》とう

みんなで跳《と》べたら　この先《さき》
きっと　いつでも
自由《じゆう》に跳《と》べるだろう
勝負《しょうぶ》の大縄《おおなわ》跳《と》び

みよしせいこ

ヨイショ、ヨイショ

桃井　国志

ヨイショ　ヨイショ
ぼくは今《いま》　長《なが》い坂道《さかみち》を
自転車《じてんしゃ》をこいでのぼっている
ヨイショ　ヨイショ
週《しゅう》に1回《いっかい》　片道《かたみち》50分《ぷん》のスーパーへ
食料《しょくりょう》の買物《かいもの》です
ヨイショ　ヨイショ
10年前《ねんまえ》　ぼくが東京《とうきょう》の都会《とかい》から
この田舎《いなか》に引《ひ》っこしてからだ
寒《さむ》い冬《ふゆ》や暑《あつ》い夏《なつ》とか
いろいろつらいこともあった
もちろん、
疲《つか》れたら歩《ある》いたり休《やす》む

75才《さい》ころから楽《たの》しさがふえた
ときどき歌《うた》をうたったり
詩《し》のアイデアもうかんだり
ヨイショ　ヨイショ
今《いま》78才《さい》、この運動《うんどう》のおかげで
体《からだ》も元気《げんき》　心《こころ》も元気《げんき》
百才《ひゃくさい》まで元気《げんき》で生《い》きたい
ヨイショ　ヨイショ
さあ　事故《じこ》にも気《き》をつけてね
ヨイショ　ヨイショ
白鳥号《はくちょうごう》もがんばってね
ヨイショ　ヨイショ
ヨイショ　ヨイショ

「注《ちゅう》」白鳥号《はくちょうごう》は、自転車《じてんしゃ》の名前《なまえ》です。2年前《ねんまえ》につけた。

ももいくにし

涙《なみだ》の味《あじ》　もり　みか

なん億年《おくねん》も前《まえ》だから
だあれも憶《おぼ》えていないけど
私《わたし》たちはふわふわと
海《うみ》に漂《ただよ》う粒《つぶ》でした
みんな一緒《いっしょ》にぷうかりと
仲良《なかよ》くゆれる粒《つぶ》でした
だから涙《なみだ》のこの味《あじ》は
しょっぱい海《うみ》に似《に》ています

広《ひろ》い宇宙《うちゅう》のどこかには
きっといろんな星《ほし》があり
すっぱい海《うみ》の星《ほし》に住《す》む
私《わたし》みたいな泣《な》き虫《むし》は

すっぱい涙《なみだ》をぽろぽろと
頬《ほほ》にこぼしているでしょう
あまい海《うみ》なら涙《なみだ》もあまく
べとべと困《こま》っているでしょう

青《あお》くまあるいこの星《ほし》は
うっかりものが多《おお》いのか
色《いろ》や形《かたち》に惑《まど》わされ
きょうも涙《なみだ》が流《なが》れます
でもね
涙《なみだ》の味《あじ》は同《おな》じ
しょっぱい海《うみ》に似《に》ています

もりみか

夜《よる》のてっぺんから　森木　林

いろいろ　あって
いろいろ　おもって
あしもと　みつめて　あるく夜《よる》

ほのかに　あたりが　あかるくて
みあげた　天空《そら》の　まんなかに
ほぉっと　けむった　虹《にじ》の丸《まる》
ほぼ満《み》ちた月《つき》　つつむように
くるりと　巨《おお》きな　七重丸《ななじゅうまる》

夜《よる》のてっぺんから
ぼくの頭《あたま》の上《うえ》に　ふりそそぐ
丸《まる》・丸《まる》・丸《まる》・丸《まる》・丸《まる》・丸《まる》・丸《まる》……

——たいへん
よくでき
ました——

いろいろ色《いろ》の　七重丸《ななじゅうまる》
天空《そら》からもらった　今日《きょう》の丸《まる》

明日《あした》は　雨《あめ》も　ふるでしょう
けれど　草木《くさき》は　めをさます
明日《あした》は　雨《あめ》も　ふるでしょう
そして　草木《くさき》も　芽《め》ぐむでしょう

もりきりん

子猫《こねこ》の宿題《しゅくだい》　山口　藤女

ボクは　生《う》まれて二日目《ふつかめ》の男《おとこ》の子《こ》
二階《にかい》の部屋《へや》に　置《お》かれていた
階下《かいか》のおばさんに　見《み》つけられ
抱《だ》っこされて　余所《よそ》の家《いえ》

そこは　とっても広《ひろ》い部屋《へや》
ボクは　元気《げんき》に飛《と》び回《まわ》り
マグロチューブも　いただいて
大《おお》きくなって　遊《あそ》びすぎ
お布団《ふとん》の上《うえ》に　おしっこを
おばさん　あわててお洗濯《せんたく》
タオルもたくさん　ベランダに

国旗《こっき》のように　並《なら》べられ
お日《ひ》さま　ニコニコ笑《わら》っていた
気持《きも》ち良《よ》い日《ひ》で　またまたシャー

今度《こんど》はおばさん
ダメダメ　ダメヨーと叱《しか》ったので
ボクはスゴスゴ　部屋《へや》の隅《すみ》
いつになったら　わかるかねー
大《おお》きな溜息《ためいき》　ついている

ゴメンナサイと　謝《あやま》るが
ボクに出《だ》された　宿題《しゅくだい》だ
どうしようどうしよう　ミヤオー

やまぐちとうじょ

巣立《すだ》ち　山下　美樹

玄関先《げんかんさき》の木《き》のてっぺんに
ヒヨドリが巣《す》をかけ
卵《たまご》を四《よっ》つ温《あたた》めはじめた

十二日目《じゅうににちめ》に　ヒナがかえり
十五日目《じゅうごにちめ》に　羽《はね》が生《は》えはじめ
十八日目《じゅうはちにちめ》に　目《め》が開《ひら》き
巣《す》はぎゅうぎゅうになった

二十二日目《にじゅうににちめ》の朝《あさ》
まだおさない顔《かお》つきで
つばさも小《ち》さいヒナたちは
あっけなく巣立《すだ》った

でも
飛《と》び立《た》つ瞬間《しゅんかん》
ぼくは確《たし》かに見《み》た
キリリと表情《ひょうじょう》を引《ひ》きしめ
ヒナの顔《かお》を捨《す》てたのを

いつか
ぼくが巣立《すだ》つとき
あの勇《いさ》ましい顔《かお》を思《おも》い出《だ》そう
そして思《おも》いきり飛《と》び立《た》とう
世界《せかい》へ

やましたみき

すてきな片想《かたおも》い

山部　京子

追《お》いかけていた夢《ゆめ》が逃《に》げて行《い》く
まるで片想《かたおも》いのように…
「あきらめなければ夢《ゆめ》は叶《かな》う」と
叶《かな》った人《ひと》は言《い》うけれど
誰《だれ》もがゴールできるわけじゃない

でも…
一《ひと》つの道《みち》が閉《と》ざされて
はじめて見《み》えてくる
わき道《みち》やまわり道《みち》
知《し》らなかった景色《けしき》の中《なか》にも
夢《ゆめ》の種《たね》がこぼれてる

どうにもならないときは
球根《きゅうこん》になってみよう
くやしさの肥料《ひりょう》や涙《なみだ》の雨《あめ》を
いっぱいたくわえて
自分《じぶん》らしい夢《ゆめ》の芽《め》を育《そだ》てよう

そして…
その夢《ゆめ》が大《おお》きく高《たか》くなったら
また追《お》いかければいい
スタートライン何度《なんど》でも引《ひ》き直《なお》し
あきらめずに夢《ゆめ》に手《て》を伸《の》ばす
すてきな片想《かたおも》いを続《つづ》けよう

やまべきょうこ

母《はは》

湯川　昌子

お母《かあ》さーん。お母《かあ》さーん。
呼《よ》んでも、呼《よ》んでも、
返事《へんじ》は、返《かえ》って来《こ》ない。
30年前《ねんまえ》に、亡《な》くなった母《はは》。
優《やさ》しくて、逞《たくま》しかった母《はは》。
大正《たいしょう》に生《う》まれ、戦争体験《せんそうたいけん》した母《はは》。
和歌山城《わかやまじょう》が焼夷弾《しょういだん》で炎上《えんじょう》するのを
目《め》の前《まえ》で見《み》て、皆《みんな》で悲《かな》しんだ母《はは》。
戦後《せんご》の苦《くる》しい時《とき》も、笑顔《えがお》で乗《の》り切《き》
ったと、誇《ほこ》らしげに話《はな》した母《はは》。
これからは、女性《じょせい》でも働《はたら》く時代《じだい》と
私《わたし》に、教育《きょういく》をつけ幼稚園《ようちえん》の先生《せんせい》の
資格《しかく》を持《も》たせてくれた母《はは》。

幼児教育一筋《ようじきょういくひとすじ》で定年迄頑張《ていねんまでがんば》れた。
でも、喜《よろこ》んでくれる母《はは》はいない。
私達《わたしたち》は、戦後《せんご》の幸《しあわ》せしか知《し》らない。
母《はは》が生《い》きていたら98歳《さい》。
寝《ね》たきりでも、生《い》きていて、
嬉《うれ》しかった事《こと》。悲《かな》しかった事《こと》。
色々《いろいろ》な話《はなし》を、いっぱい、いっぱい
聞《き》いてもらいたかった母《はは》。
今《いま》は、親子《おやこ》の情《じょう》が薄《うす》くなったと
言《い》うが、私達《わたしたち》、家族《かぞく》の絆《きずな》は強《つよ》く
繋《つな》がっていると信《しん》じている。
私《わたし》も、母《はは》の様《よう》に何時《いつ》までも
思《おも》い出《だ》して貰《もら》える母《はは》になりたい。

ゆかわまさこ

ぼくの坂道《さかみち》

ゆふ　あきら

昔《むかし》この坂道《さかみち》は　砂利道《じゃりみち》だった
雨《あめ》が降《ふ》ると　深《ふか》い溝《みぞ》ができた
タクシーでさえ
この坂道《さかみち》を通《とお》るのを嫌《いや》がった

夏《なつ》になると　母《はは》は
もぎたてのぶどうを
リヤカーいっぱいに積《つ》んで
この坂道《さかみち》を下《くだ》った
帰《かえ》りはぼくらに食《た》べさせる
アイスクリームが
溶《と》けないようにと上《のぼ》りを急《いそ》いだ

冬《ふゆ》になると　雪《ゆき》が積《つ》もり
車《くるま》が通《とお》れなくなった
こんな日《ひ》に限《かぎ》って
ぼくは熱《ねつ》を出《だ》した
父《ちち》はぼくをおんぶして
この坂道《さかみち》を下《くだ》った
父《ちち》の背中《せなか》が温《ぬく》かったからか
病院《びょういん》に着《つ》くと　熱《ねつ》は下《さ》がっていた

今《いま》ではこの道《みち》も舗装《ほそう》されて
上《のぼ》りも下《くだ》りも車《くるま》で二分《にふん》だ
感謝《かんしゃ》の気持《きも》ちがあふれ
このぼくの坂道《さかみち》を残《のこ》したくなった

ゆふあきら

メタセコイア　ゆめの

初《はじ》めてメタセコイアに出会《であ》った
広島《ひろしま》に居《い》る時《とき》だった
近《ちか》くのゴルフ場《じょう》に大木《たいぼく》が三本《さんぼん》
春《はる》には
若緑《わかみどり》のしなやかな葉《は》を茂《しげ》らせ
秋《あき》になると
独特《どくとく》のからし色《いろ》になって落葉《らくよう》する

猛烈《もうれつ》な台風《たいふう》がやってきて
一本《いっぽん》が根《ね》こそぎ倒《たお》されたけれど
あとの二本《にほん》は無事《ぶじ》であった
そんなことがあって

メタセコイアに出会《であ》うと
ああ　あなたね　と仰《あお》ぎ見《み》る
小平《こだいら》の新青梅街道沿《しんおうめかいどうぞ》いには
排気《はいき》ガスにも負《ま》けず
みんな堂々《どうどう》と立《た》ち並《なら》んでいる

生《い》きている化石《かせき》と言《い》われ
中国《ちゅうごく》で発見《はっけん》されてから八十年《はちじゅうねん》
わたしも八十歳《はちじっさい》になるが
まだまだしなやかに
生《い》きて行《い》きたい

ゆめの

蝶々《ちょうちょう》かな

よりこ

赤《あか》い蝶《ちょう》かな
きれいだな
そばによってみる
一枚《いちまい》の赤《あか》い花《はな》びらだった

風《かぜ》にゆられて
ダンスしてる
よく見《み》れば
ほそく光《ひか》るくもの糸《いと》
くもさんをさがしたが
姿《すがた》は見《み》えない

がんばれがんばれ
赤《あか》い花《はな》びら
風《かぜ》に運《はこ》ばれてやってきた
あかい花《はな》びら

私《わたし》もいっしょにおどるから
あすも　あさっても
おどっておくれ

NDC911	子どものための少年詩集編集委員会
神奈川　銀の鈴社	
136頁　　21cm	（子どものための少年詩集　2021）

子どものための少年詩集 2021

2021年11月22日初版発行
定価：本体 2,400円＋税

編　　者――子どものための少年詩集編集委員会Ⓒ

発 行 者――西野大介

発　　行――株式会社 銀の鈴社

〒248-0017　神奈川県鎌倉市佐助 1-18-21 万葉野の花庵
電話：0467（61）1930　　FAX：0467（61）1931
https://www.ginsuzu.com　　info@ginsuzu.com

〈創刊1984年「現代少年詩集」編集代表：秋原秀夫〉

ISBN 978-4-86618-129-5 C 8092　　落丁・乱丁本はお取り替え致します
印刷・電算印刷　製本・渋谷文泉閣

…ジュニアポエムシリーズ…

1	鈴木敏史・詩集 宮下琢郎・絵	星の美しい村	★☆
2	小池知子・詩集 高志孝子・絵	おにわいっぱいぼくのなまえ	★☆
3	鶴岡千代子・詩集 武田淑子・絵	白い虹	児文芸新人賞
4	楠木しげお・詩集 久保雅勇・絵	カワウソの帽子	
5	津坂治男・詩集 垣内美穂・絵	大きくなったら	★◇
6	後藤れい子・詩集 山本まつ子・絵	あくたれぼうずのかぞえうた	
7	北村蔦子・詩集 柿本幸造・絵	あかちんらくがき	
8	吉田瑞穂・詩集 吉田翠・絵	しおまねきと少年	⌺★◎
9	新川和江・詩集 葉祥明・絵	野のまつり	★☆
10	阪田寛夫・詩集 織茂恭子・絵	夕方のにおい	◈★☆○
11	高田敏子・詩集 若山憲・絵	枯れ葉と星	★☆
12	原田直友・詩集 吉田翠・絵	スイッチョの歌	★◎
13	小林純一・詩集 久保雅勇・絵	茂作じいさん	◉★☆♪◎
14	谷川俊太郎・詩集 長新太・絵	地球へのピクニック	★◎◇
15	与田準一・詩集 深沢省三・深沢紅子・絵	ゆめみることば	★
16	岸田衿子・詩集 中谷千代子・絵	だれもいそがない村	
17	江間章子・詩集 榊原直美・絵	水と風	◇◎
18	原田直友・詩集 小野まり・絵	虹―村の風景―	★
19	福田正夫・詩集 福田達夫・絵	星の輝く海	★☆
20	草野心平・詩集 長野ヒデ子・絵	げんげと蛙	★☆○◇
21	宮田滋子・詩集 青木まさる・絵	手紙のおうち	☆○
22	久保田昭三・詩集 斎藤彬子・絵	のはらでさきたい	
23	鶴岡千代子・詩集 加倉井和夫・武田淑子・絵	白いクジャク	★♪
24	尾上尚子・詩集 まど・みちお・絵	そらいろのビー玉	★☆ 児文協新人賞
25	水上紅・詩集 深沢紅子・絵	私のすばる	☆
26	野呂昶・詩集 福島一二三・絵	おとのかだん	★
27	こやま峰子・詩集 武田淑子・絵	さんかくじょうぎ	☆
28	青戸かいち・詩集 駒宮録郎・絵	ぞうの子だって	
29	まきたかし・詩集 福田達夫・絵	いつか君の花咲くとき	★☆♡
30	薩摩忠・詩集 駒宮録郎・絵	まっかな秋	★☆♡
31	新川和江・詩集 福島一二三・絵	ヤァ！ヤナギの木	★☆○♡
32	井上靖・詩集 駒宮録郎・絵	シリア沙漠の少年	★☆♡
33	古村徹三 詩・絵	笑いの神さま	
34	江上波夫・詩集 青空風太郎・絵	ミスター人類	○☆
35	秋原秀夫・詩集 鈴木義治・絵	風の記憶	★◎
36	水村三千夫・詩集 武田淑子・絵	鳩を飛ばす	
37	久冨純江・詩集 渡辺安芸夫・絵	風車 クッキングポエム	
38	日野生三・詩集 吉野晃希男・絵	雲のスフィンクス	★
39	佐藤雅子・詩集 佐藤太清・広瀬きよみ・絵	五月の風	★
40	小黒恵子・詩集 武田淑子・絵	モンキーパズル	★
41	木村信子・詩集 山本典子・絵	でていった	
42	中野栄子・詩集 吉田翠・絵	風のうた	☆
43	宮田滋子・詩集 牧村慶子・絵	絵をかく夕日	★
44	大久保テイ子・詩集 渡辺安芸夫・絵	はたけの詩	★☆
45	秋原秀夫・詩集 赤星亮衛・絵	ちいさなともだち	♥

☆日本図書館協会選定（2015年度で終了）　♪日本童謡賞　♧岡山県選定図書　◇岩手県選定図書
★全国学校図書館協議会選定（SLA）　♡日本子どもの本研究会選定　◆京都府選定図書
□少年詩賞　■茨城県すいせん図書　♥秋田県選定図書　⌺芸術選奨文部大臣賞
○厚生省中央児童福祉審議会すいせん図書　♣愛媛県教育会すいせん図書　◉赤い鳥文学賞　◈赤い靴賞

…ジュニアポエムシリーズ…

46 日友靖子詩集　藤城清治・安西明美・絵　猫曜日だから ◆☆
47 秋葉てる代詩集　武田淑子・絵　ハープムーンの夜に ♡
48 こやま峰子詩集　山本省三・絵　はじめのいーっぽ ★♡
49 黒柳啓子詩集　金子滋・絵　砂かけ狐 ♡
50 三枝ますみ詩集　武田淑子・絵　ピカソの絵 ☆♡♪
51 夢虹二詩集　武田淑子・絵　とんぼの中にぼくがいる ♡○♥
52 はたちよしこ詩集　まど・みちお・絵　レモンの車輪 □♧
53 大岡信詩集　葉祥明・絵　朝の頌歌 ★☆♡♥◎
54 吉田瑞穂詩集　吉田翠・絵　オホーツク海の月 ★☆♡
55 さとう恭子詩集　村上保・絵　銀のしぶき ★☆♡
56 星乃ミミナ詩集　葉祥明・絵　星空の旅人 ★☆♡
57 葉祥明詩・絵　ありがとう　そよ風 ★♡▲
58 青戸かいち詩集　初山滋・絵　双葉と風
59 小野ルミ詩集　和田誠・絵　ゆきふるるん ★☆♪♡
60 なぐもはるき詩・絵　たったひとりの読者 ★♡♧

61 小関秀夫詩集　小倉玲子・絵　風《かざ》栞《しおり》 ★♡♥
62 海沼松世詩集　守下さおり・絵　かげろうのなか ☆♡
63 山本龍生詩集　小倉玲子・絵　春行き一番列車 ♡
64 小泉周二詩集　深沢省三・絵　こもりうた ★☆♡
65 かわてせいぞう詩集　若山憲・絵　野原のなかで ♡★♥
66 えぐちまき詩集　赤星亮衛・絵　ぞうのかばん ♡◆♥
67 池田あきつ詩集　小倉玲子・絵　天気雨 ♡
68 藤井則行詩集　君島美知子・絵　友へ ♡♤
69 藤哲生詩集　武田淑子・絵　秋いっぱい ★♠
70 日友靖子詩集　深沢紅子・絵　花天使を見ましたか ★
71 吉田瑞穂詩集　吉田翠・絵　はるおのかきの木 ★
72 小島禄琅詩集　中村陽子・絵　海を越えた蝶 ☆★♥♡
73 にしおまさこ詩集　杉田幸子・絵　あひるの子 ★
74 山下竹二詩集　徳田徳志芸・絵　レモンの木 ★
75 高崎乃理子詩集　奥山英俊・絵　おかあさんの庭 ★♡

76 檜きみこ詩集　広瀬弦・絵　しっぽいっぽん ★♪□☆♡
77 たかはしけいこ詩集　高田三郎・絵　おかあさんのにおい ♡♣□
78 星乃ミミナ詩集　深澤邦朗・絵　花かんむり ♥☆♡
79 佐藤照雄詩集　津波信久・絵　沖縄　風と少年 ☆♡★
80 相馬梅子詩集　やなせたかし・絵　真珠のように ♥★
81 小島禄琅詩集　深沢紅子・絵　地球がすきだ ★
82 鈴木美智子詩集　黒澤梧郎・絵　龍のとぶ村 ◇★♥
83 いがらしれいこ詩集　高田三郎・絵　小さなてのひら ☆
84 宮入黎子詩集　小倉玲子・絵　春のトランペット ☆★
85 下田喜久美詩集　方振寧・絵　ルビーの空気をすいました ☆
86 野呂昶詩集　方振寧・絵　銀の矢ふれふれ ★
87 ちよはらまちこ詩集　ちよはらまちこ・絵　パリパリサラダ ★
88 秋原秀夫詩集　徳田徳志芸・絵　地球のうた ☆★
89 中島あやこ詩集　井上緑・絵　もうひとつの部屋 ★
90 藤川こうのすけ詩集　葉祥明・絵　こころインデックス ☆

✲サトウハチロー賞
☼三木露風賞
♤福井県すいせん図書
▲神奈川県児童福祉審議会推薦優良図書
♠奈良県教育研究会すいせん図書
❖北海道選定図書
◈静岡県すいせん図書
◎学校図書館図書整備協会選定図書（SLBA）
✣毎日童謡賞
֍三越左千夫少年詩賞

…ジュニアポエムシリーズ…

△長野県教育委員会すいせん図書　☆(財)日本動物愛護協会推薦図書
◆茨城県推奨図書　●児童ペン賞

…ジュニアポエムシリーズ…

- 136 秋葉てる代詩集　やなせたかし・絵　おかしのすきな魔法使い ♪★
- 137 青戸かいち詩集　永田萠・絵　小さなさようなら ❀★
- 138 柏木恵美子詩集　高田三郎・絵　雨のシロホン ♡★
- 139 藤井則行詩集　阿見みどり・絵　春だから ♡★◎
- 140 黒田勲子詩集　山中冬児・絵　いのちのみちを
- 141 南郷芳明詩集　的場豊子・絵　花時計
- 142 やなせたかし 詩・絵　生きているってふしぎだな
- 143 内田麟太郎詩集　斎藤隆夫・絵　うみがわらっている
- 144 しまざきふみ詩集　島崎奈緒・絵　こねこのゆめ ♡
- 145 糸永えつこ詩集　武井武雄・絵　ふしぎの部屋から ♡
- 146 石坂きみこ詩集　鈴木英二・絵　風の中へ ♡
- 147 坂本のこ詩集　坂本こう・絵　ぼくの居場所 ♡
- 148 島村木綿子 詩・絵　森のたまご ❀
- 149 楠木しげお詩集　わたせせいぞう・絵　まみちゃんのネコ ★
- 150 牛尾良子詩集　上矢津・絵　おかあさんの気持ち ♡
- 151 三越左千夫詩集　阿見みどり・絵　せかいでいちばん大きなかがみ ★
- 152 水村三千夫詩集　高見八重子・絵　月と子ねずみ
- 153 川越文子詩集　横松桃子・絵　ぼくの一歩ふしぎだね ★
- 154 すずきゆかり詩集　葉祥明・絵　まっすぐ空へ
- 155 西田純詩集　葉祥明・絵　木の声　水の声
- 156 清野倭文子詩集　水科舞・絵　ちいさな秘《ひ》密《みっ》
- 157 川奈静詩集　直江みちる・絵　浜ひるがおはパラボラアンテナ ★◎
- 158 若木良水詩集　西真里子・絵　光と風の中で
- 159 牧陽子詩集　渡辺あきお・絵　ねこの詩 ★◎
- 160 宮田滋子詩集　阿見みどり・絵　愛一輪 ★◎
- 161 井上灯美子詩集　唐沢静・絵　ことばのくさり ☆♪
- 162 滝波万理子詩集　滝波裕子・絵　みんな王《おう》様《さま》 ★♪
- 163 冨岡みち詩集　関口コオ・絵　かぞえられへん　せんぞさん ★
- 164 垣内磯子詩集　辻恵子・切り絵　緑色のライオン ★◎
- 165 すぎもとれいこ詩集　平井辰夫・絵　ちょっといいことあったとき ★
- 166 岡田喜代子詩集　おぐらひろかず・絵　千年の音 ★☆◎
- 167 川奈静詩集　直江みちる・絵　ひもの屋さんの空 ★◎☆♥♡
- 168 鶴岡千代子詩集　武田淑子・絵　白い花火 ★☆
- 169 井上灯美子詩集　唐沢静・絵　ちいさい空をノックノック ★◎☆
- 170 尾崎杏子詩集　ひなた山すじゅう郎・絵　海辺のほいくえん ☆♡★◎
- 171 柘植愛子詩集　やなせたかし・絵　たんぽぽ線路 ☆♡★◎♪
- 172 小林比呂古詩集　うめざわのりお・絵　横須賀スケッチ ☆★◎♡▲
- 173 林佐知子詩集　串田敦子・絵　きょうという日 ☆★◎♡▲
- 174 後藤基宗子詩集　岡澤由紀子・絵　風とあくしゅ ☆♥★◎♡
- 175 土屋律子詩集　高瀬のぶえ・絵　るすばんカレー ☆♡★◎▲
- 176 三輪アイ子詩集　深沢邦朗・絵　かたぐるましてよ ★☆♡
- 177 田辺瑞美子詩集　西真里子・絵　地球賛歌 ☆★◎
- 178 高瀬美代子詩集　小倉玲子・絵　オカリナを吹く少女 ☆♡
- 179 中野惠子詩集　串田敦子・絵　コロポックルでておいで ★♡☆♪
- 180 松井節子詩集　阿見みどり・絵　風が遊びにきている ★☆♡▲

…ジュニアポエムシリーズ…

- 181 新谷智恵子詩集 徳田徳志芸・絵 とびたいペンギン 佐世保文学賞 ♡★◎▲
- 182 牛尾良子詩集 牛尾征治・写真 庭のおしゃべり ♡★◎
- 183 三枝ますみ詩集 髙見八重子・絵 サバンナの子守歌 ☆★
- 184 佐藤雅子詩集 佐藤太清・絵 菊池治子 空の牧《まき》場《ば》 ☆★♡■◎◈
- 185 山内弘子詩集 おぐらひろかず・絵 思い出のポケット ♡★♪
- 186 山内弘子詩集 阿見みどり・絵 花の旅人 ♡★▲
- 187 原国子詩集 牧野鈴子・絵 小鳥のしらせ ♡★△◎
- 188 人見敬子 詩・絵 方《はこ》舟《ぶね》地球号 —いのちは元気— ♡★◎
- 189 林佐知子詩集 串田敦子・絵 天にまっすぐ ★☆♡◎
- 190 小臣富子詩集 渡辺あきお・絵 わんさかわんさかどうぶつさん ✡♡★◎
- 191 川越文子詩集 かまだちえみ・写真 もうすぐだからね ♡★◎
- 192 永田喜久男詩集 武田淑子・絵 はんぶんごっこ ☆★◎♡
- 193 吉田房子詩集 大和田明代・絵 大地はすごい ★◎♡▲
- 194 石井春香詩集 髙見八重子・絵 人魚の祈り ★♡
- 195 石原一輝詩集 小倉玲子・絵 雲のひるね ♡
- 196 たかはしけいこ詩集 髙橋敏彦・絵 そのあと ひとは ★
- 197 宮田滋子詩集 おおた慶文・絵 風がふく日のお星さま ★♡◎
- 198 渡辺恵美子詩集 つるみゆき・絵 空をひとりじめ ★♡♪
- 199 宮中雲子詩集 西真里子・絵 手と手のうた ★
- 200 杉本深由起詩集 太田大八・絵 漢字のかんじ ★♡✿
- 201 井上灯美子詩集 唐沢静・絵 心の窓が目だったら ★♡
- 202 峰松晶子詩集 おおた慶文・絵 きばなコスモスの道 ★♡
- 203 高橋文子詩集 山中桃子・絵 八丈太鼓 ★♡
- 204 長野貴子詩集 武田淑子・絵 星座の散歩 ★♡
- 205 江口正子詩集 髙見八重子・絵 水の勇気 ♡☆★
- 206 藤本美智子 詩・絵 緑のふんすい ☆♡★
- 207 林佐知子詩集 串田敦子・絵 春はどどど ♡★◎
- 208 小関秀夫詩集 阿見みどり・絵 風のほとり ☆♡★▲
- 209 宗美津子詩集 宗信寛・絵 きたのもりのシマフクロウ ♡★
- 210 かわてせいぞう詩集 髙橋敏彦・絵 流れのある風景 ☆♡★
- 211 土屋律子詩集 高瀬のぶえ・絵 ただいまぁ ★♡☆◎▲
- 212 永田喜久男詩集 武田淑子・絵 かえっておいで ☆♡★
- 213 みたみちこ詩集 牧進・絵 いのちの色 ♡★
- 214 糸永えつこ詩集 糸永わかこ・絵 母です 息子です おかまいなく ♡☆★
- 215 宮田滋子詩集 武田淑子・絵 さくらが走る ♡☆★♪
- 216 柏木恵美子詩集 吉野晃希男・絵 ひとりぼっちの子クジラ ♡★◎
- 217 江口正子詩集 髙見八重子・絵 小さな勇気 ♡☆★
- 218 井上灯美子詩集 唐沢静・絵 いろのエンゼル ★♡
- 219 中島あやこ詩集 日向山寿十郎・絵 駅伝競走 ★☆♡
- 220 高橋孝治詩集 髙見八重子・絵 空の道 心の道 ★♡
- 221 江口正子詩集 日向山寿十郎・絵 勇気の子 ♡☆★
- 222 宮田滋子詩集 牧野鈴子・絵 白鳥よ ☆★
- 223 井上良子詩集 銅版画 太陽の指環 ★
- 224 川越文子詩集 山中桃子・絵 魔法のことば ♡☆★
- 225 西本みさこ詩集 上司かのん・絵 いつもいっしょ ☆♡

…ジュニアポエムシリーズ…

226 おばらいちこ詩集 髙見八重子・絵 ぞうのジャンボ ☆★♡
227 吉田房子詩集 本田あまね・絵 まわしてみたい石臼 ★♡
228 吉田房子詩集 阿見みどり・絵 花 詩 集 ★♡◎
229 田中たみ子詩集 唐沢静・絵 へこたれんよ ★◎
230 林佐知子詩集 串田敦子・絵 この空につながる ★♡
231 藤本美智子 詩・絵 心のふうせん ★♡
232 火星雅範詩集 西川律子・絵 ささぶねうかべたよ ★♡▲
233 吉田房子詩集 岸田歌子・絵 ゆりかごのうた ★♡
234 むらかみみちこ詩集 むらかみみちこ むらかみあくる・絵 風のゆうびんやさん ★♡
235 白谷玲花詩集 阿見みどり・絵 柳川白秋めぐりの詩 ★♡
236 ほさかとしこ詩集 内山つとむ・絵 神さまと小鳥 ★☆♡
237 内田麟太郎詩集 長野ヒデ子・絵 まぜごはん ☆★◎♡▲
238 小林比呂古詩集 出口雄大・絵 きりりと一直線 ♡★
239 牛尾良子詩集 おぐらひろかず・絵 うしの土鈴とうさぎの土鈴 ★◎♡
240 山本純子詩集 ルイコ・絵 ふ ふ ふ ★♡☆◎

241 神田亮 詩・絵 天使の翼 ★☆♡
242 かんざわみえ詩集 阿見みどり・絵 子供の心大人の心さ迷いながら ☆★◎▲
243 永田喜久男詩集 内山つとむ・絵 つながっていく ★☆♡
244 浜野木碧 詩・絵 海原散歩 ☆★◎♡
245 やまうち・しゅうへい詩集 山本省三・絵 風のおくりもの ☆★◎♡
246 すぎもとれいこ 詩・絵 てんきになあれ ★◎
247 冨岡みち詩集 加藤真夢・絵 地球は家族 ひとつだよ ♡☆◎★
248 北野千賀詩集 滝波裕子・絵 花束のように ♡☆★◎
249 石原一輝詩集 加藤真夢・絵 ぼくらのうた ♡★◎
250 土屋律子詩集 高瀬のぶえ・絵 まほうのくつ ♡☆★◎▲
251 津坂治男詩集 井上良子・絵 白い太陽 ☆♡★◎
252 石井英行詩集 よしだちなつ・表紙絵 野原くん ☆★♡◎▲
253 井上灯美子詩集 唐沢静・絵 たからもの ☆♡★
254 大竹典子詩集 加藤真夢・絵 おたんじょう ☆★
255 たかはしけいこ詩集 織茂恭子・絵 流れ星 ★♡

256 谷川俊太郎詩集 下田昌克・絵 そして ♡★◎
257 なんば・みちこ詩集 布下満・絵 トックントックン 大空で大地で ★◎
258 宮本美智子詩集 阿見みどり・絵 夢の中に そっと ★◎♡
259 成本和子詩集 阿見みどり・絵 天使の梯子 ★◎
260 海野文音詩集 牧野鈴子・絵 ナンドデモ ★♡
261 熊谷本郷詩集 永田萠・絵 かあさん かあさん ★♡
262 大楠翠詩集 吉野晃希男・絵 おにいちゃんの紙飛行機 ★♡♪
263 久保恵子詩集 たかせちなつ・絵 わたしの心は 風に舞う ★♡
264 みずかみさやか詩集 葉祥明・絵 五月の空のように ★♡
265 尾崎昭代詩集 中辻アヤ子・絵 たんぽぽの日 ★
266 はやしゆみ詩集 渡辺あきお・絵 わたしはきっと小鳥 ★
267 田沢節子詩集 永田萠・絵 わき水ぷっくん △★♡
268 柘植愛子詩集 そねはらまさえ・絵 赤いながぐつ ★♡
269 馬場与志子詩集 日向山寿十郎・絵 ジャンケンポンでかくれんぼ ♡★
270 内田麟太郎詩集 高畠純・絵 たぬきのたまご ★●♡

…ジュニアポエムシリーズ…

- 271 むらかみみちこ 詩・絵 家族のアルバム ★♡
- 272 井上 和子詩集 吉田 瑠美・絵 風のあかちゃん ★♡
- 273 佐藤 一志詩集 日向山寿十郎・絵 自然の不思議 ♡★
- 274 小沢 千恵 詩・絵 やわらかな地球 ♡★
- 275 あべこうぞう詩集 大谷さなえ・絵 生きているしるし ♡★
- 276 宮田 滋子詩集 田中 槇子・絵 チューリップのこもりうた ★♡
- 277 林 佐知子詩集 葉 祥明・絵 空の日 ★♡
- 278 いしがいようこ 詩・絵 ゆれる悲しみ ★♡
- 279 村瀬 保子詩集 武田 淑子・絵 すきとおる朝 ♡★
- 280 あわのゆりこ詩集 高畠 純・絵 まねっこ ★♡
- 281 川越 文子詩集 福田 岩緒・絵 赤い車 ★♡
- 282 白石はるみ詩集 かないゆみこ・絵 エリーゼのために ★♡
- 283 尾崎 杏子詩集 日向山寿十郎・絵 ぼくの北極星 ♡★
- 284 壱岐 梢詩集 葉 祥明・絵 ここに ★
- 285 野口 正路詩集 山手 正彦・絵 光って生きている ★◎
- 286 樋口てい子詩集 串田 敦子・絵 ハネをもったコトバ ★◎
- 287 火星 雅範詩集 西川 律子・絵 ささぶねにのったよ
- 288 大楠 翠詩集 吉野晃希男・絵 はてなとびっくり ★◎❀
- 289 大澤 清詩集 阿見みどり・絵 組曲 いかに生きるか ★
- 290 たかはしけいこ詩集 織茂 恭子・絵 いっしょ ★♡◎
- 291 内田麟太郎詩集 大野 八生・絵 なまこのぽんぽん ★◎○
- 292 はやし ゆみ詩集 はなてる・絵 こころの小鳥 ♡★◎
- 293 いしがいようこ 詩・絵 あ・そ・ぼ！ ★♡◎
- 294 帆草とうか 詩・絵 空をしかくく切りとって ★♡
- 295 土屋 律子詩集 吉野晃希男・絵 コピーロボット ★◎♡
- 296 川上佐貴子詩集 はなてる・絵 アジアのかけ橋 ♡★◎
- 297 西沢 杏子詩集 東 逸子・絵 さくら貝とプリズム ♡★◎
- 298 鈴木 初江詩集 小倉 玲子・絵 めぐりめぐる水のうた ★◎
- 299 白谷 玲花詩集 牧野 鈴子・絵 母さんのシャボン玉
- 300 ゆふ あきら詩集 ゆふくみこ・絵 やまぐちかおる・絵 すずめのバスケ
- 301 半田 信和詩集 吉野晃希男・絵 ギンモクセイの枝先に
- 302 弓削田健介詩集 葉 祥明・絵 優《やさ》しい詩《うた》のお守《まも》りを

＊刊行の順番はシリーズ番号と異なる場合があります。

ジュニアポエムシリーズは、子どもにもわかる言葉で真実の世界をうたう個人詩集のシリーズです。

本シリーズからは、毎回多くの作品が教科書等の掲載詩に選ばれており、1974年以来、全国の小・中学校の図書館や公共図書館等で、長く、広く、読み継がれています。

心を育むポエムの世界。

一人でも多くの子どもや大人に豊かなポエムの世界が届くよう、ジュニアポエムシリーズはこれからも小さな灯をともし続けて参ります。

銀の小箱シリーズ　四六変型

- 葉　祥明　詩・絵　小さな庭
- 若山　憲　詩・絵　白い煙突
- こばやしひろこ・詩　うめざわのりお・絵　みんななかよし
- 江口　正子・詩　油野　誠一・絵　みてみたい
- やなせたかし　詩・絵　あこがれよなかよくしよう
- 冨岡　みち・詩　関口　コオ・絵　ないしょやで
- 小林比呂古・詩　神谷　健雄・絵　花かたみ
- 小泉　周二・詩　辻　友紀子・絵　誕生日・おめでとう
- 柏原　耿子・詩　阿見みどり・絵　アハハ・ウフフ・オホホ★♡▲
- こばやしひろこ・詩　うめざわのりお・絵　ジャムパンみたいなお月さま★▲

すずのねえほん　B5判・A4変型版

- たかはしけいこ・詩　中釜浩一郎・絵　わたし★◎
- 尾上　尚子・詩　小倉　玲子・絵　ぽわぽわん
- 糸永えつこ・詩　高見八重子・絵　はる　なつ　あき　ふゆ　もうひとつ★ 児文芸新人賞
- 山口　敦子・詩　高橋　宏幸・絵　ばあばとあそぼう
- あらい・まさはる・童謡　しのはらはれみ・絵　けさいちばんのおはようさん
- 佐藤　雅子・詩　佐藤　太清・絵　こもりうたのように♪ 日本童謡賞　美しい日本の12ヵ月
- 柏木　隆雄・詩　やなせたかし他・絵　かんさつ日記★♡
- マリウス・マルツィンケヴィチウス・詩　ラサ・ヤンチャウスカイテ・絵　きむらあや・訳　ちいさな　ちいさな♡

アンソロジー　A5判

- 渡辺　浦人・編　村上　保・絵　赤い鳥　青い鳥♪
- わたげの会・編　渡辺あきお・絵　花ひらく★
- 木　曜会・編　西　真里子・絵　いまも星はでている★
- 木　曜会・編　西　真里子・絵　いったりきたり♡
- 木　曜会・編　西　真里子・絵　宇宙からのメッセージ
- 木　曜会・編　西　真里子・絵　地球のキャッチボール★◎
- 木　曜会・編　西　真里子・絵　おにぎりとんがった☆★◎
- 木　曜会・編　西　真里子・絵　みぃーつけた♡★◎
- 木　曜会・編　西　真里子・絵　ドキドキがとまらない
- 木　曜会・編　西　真里子・絵　神さまのお通り★
- 木　曜会・編　西　真里子・絵　公園の日だまりで★♡
- 木　曜会・編　西　真里子・絵　ねこがのびをする♡★

掌の本　アンソロジー　A7判

- こころの詩　I　品切
- しぜんの詩　I
- いのちの詩　I　品切
- ありがとうの詩　I　品切
- 詩集　希望
- 詩集　家族
- いのちの詩集―いきものと野菜
- ことばの詩集―方言と手紙
- 詩集―夢・おめでとう
- 詩集―ふるさと・旅立ち

新企画　オールカラー・A6判

小さな詩の絵本

内田麟太郎・詩
たかすかずみ・絵
いっしょに　♡★◎

文庫サイズ・A6判

銀の鈴文庫

小沢千恵・詩
下田昌克・絵
あのこ　♡▲

A7判

掌の本

森埜こみち・詩
こんなときは！